Immer a mal kimmts ma für:
I brauchat koa Hosntür.
Gach wieder fallts ma ei(n):
's müast do oane sei(n).

'S HOSNTÜRL
SCHERZLIED AUS TIROL

Die Lederhose

Kleine Kulturgeschichte
des alpenländischen Beinkleids

Text von Franz J. Grieshofer
Zusammengestellt von
Christian Brandstätter und Franz Hubmann

Mit 30 Farbabbildungen
nach Photographien von Franz Hubmann
sowie 78 Schwarzweißabbildungen

Husum

Graphische Gestaltung und Entwurf des Schutzumschlages:
Christian Brandstätter

Die Deutsche Bibliothek – CIP-Einheitsaufnahme

Die **Lederhose** : kleine Kulturgeschichte des alpenländischen Beinkleids / Text von Franz J. Grieshofer. Zsgest. von Christian Brandstätter und Franz Hubmann. Mit 30 Farbabb. nach Photogr. von Franz Hubmann. – Husum : Husum, 1996
ISBN 3-88042-762-3
NE: Grieshofer, Franz J.; Brandstätter, Christian [Hrsg.]; Hubmann, Franz [Ill.]

Satz: Filmsatzzentrum Gesellschaft m.b.H., Wien
Reproduktion: Fotosatz Husum GmbH, Husum
Lithos: Lithotec Oltmanns, Hamburg
Druck: Husum Druck- und Verlagsgesellschaft, Husum
Bindearbeiten: Bernhard Gehring, Bielefeld

ISBN 3-88042-762-3

Die Lederhose

Was für den Schotten der Kilt, ist für den zünftigen Gebirgler die Lederhose. Um weitverbreiteten Vorstellungen zu begegnen, sei jedoch gleich am Beginn betont, daß nicht alle Bayern und Tiroler das ganze Jahr in Lederhosen herumlaufen. Dennoch gilt sie als Stammeszeichen für den alpinen Menschen bajuwarischer Abstammung, gewissermaßen als sein Heimatschein. Diese Stellung verdankt das lederne Beinkleid einem historischen Prozeß, der im ausgehenden Rokoko seinen Anfang nahm. Damals wurde es in der höfischen Gesellschaft Mode, Bauernhochzeiten und Schäferspiele zu veranstalten, bei denen man sich durch entsprechende Kostümierung in das Landvolk verwandelte und diesem dadurch – zwar noch überaus naiv – Beachtung schenkte. In dem Bestreben nach einem einfachen Leben wandte man den Blick ins Gebirge. Es entstehen zahlreiche topographisch-statistische Beschreibungen, die als Grundlage für die aufgeklärten Staatsführungen gedacht sind und stets auch Nachrichten über die verschiedenen Gebräuche, Sitten und andere Merkwürdigkeiten enthalten.

Besonderes Interesse finden dabei Schilderungen über die Tracht. Ihr wenden sich auch die Maler zu, die von den verschiedenen Gebirgstrachten Bilderfolgen schaffen. Sicher hat die Erfindung der Lithographie die Vervielfältigung dieser Trachtendarstellungen erleichtert, ohne große Nachfrage hätten sie jedoch keine so weite Verbreitung gefunden. Die Begeisterung für die Gebirgstrachten muß allgemein gewesen sein. Es erscheint freilich nicht uninteressant, daß diese Bewegung zeitlich mit den Napoleonischen Kriegen und mit der Errichtung eines neuen Kaisertums in Österreich zusammenfällt. Die Hervorhebung der bodenständigen Trachten muß daher auch als nationales Anliegen gesehen werden. Die Tracht wird ein fixer Bestandteil vaterländischer Feste, Manifestation patriotischer Gesinnung, sie wird zum Nationalkostüm. Angeregt durch das Vorbild des österreichischen und bayerischen Adels bevorzugt man in gehobenen Kreisen vorwiegend die Gebirgstracht, die Männer in erster Linie die Kleidung der Jäger. Auf diese Weise findet die kurze Lederhose zusammen mit dem kurzen grau-grünen Rock weite Anerkennung und Verbreitung. August Lewald berichtet bereits 1835 von einer Reise durch das Tuxertal, daß die wenigen Bewohner ungemein stark und besonders gute Schützen seien, weshalb sich auch die Schützen und Jagdliebhaber in ganz Tirol gern nach Art der Tuxer kleideten. Ihre Tracht sei eben malerischer, weil sie enger und kürzer sei und das Nackte der Brust wie auch der Knie und der Waden deutlich sehen lasse. Ähnliches läßt sich von der Standeskleidung der steirischen und oberbayerischen Forstleute sagen. Sie vermittelt dem Träger wie dem Betrachter ein Stück Gebirgsromantik, die Vorstellung von Urwüchsigkeit, Jugendkraft und Mannesmut. Die „Kurze“ mit ihrer reichen Auszier, die diese Attribute am besten vereint, erhält solcherart einen neuen Stellenwert, der sie gegenüber anderen Beinkleidern zu etwas Besonderem stempelt. Sie wird gewissermaßen zu einer Lebensanschauung.

Dabei lief die kurze Lederhose vor noch nicht hundert Jahren Gefahr, von der langen Hose der städtischen Kleidung und vom Trachtenanzug verdrängt zu werden. Während die aus der französischen Revolution stammenden „pantalons“ zur bürgerlichen Modekleidung der Empire- und Biedermeierzeit werden, ist der Einfluß der Uniform auf die graue

Lodenhose mit den grünen „Lampas" oder „Paspoil" unverkennbar. Im Gegensatz zur Lederhose erfährt die Lodenhose aber zusammen mit dem grün ausgeschlagenen Lodenrock eine bewußte Propagierung durch den höchsten Adel. Erzherzog Johann berichtet selbst, daß er damit ein Beispiel der Schlichtheit geben wollte. Die steirischen Hammerherrn werden seine getreuesten Gefolgsleute. Auch in Bayern, wo König Maximilian II. in der Trachtenpflege einen Beitrag zur Festigung des Nationalgefühls sieht und diese Bestrebungen persönlich unterstützt, gewinnt der graue Lodenanzug immer mehr Anhänger. Die Münchner bevorzugen ihn als Reisetracht, wenn sie „ins Gebirg laufen". Gleich einem Bazillus griff die neue Tracht auch auf die bäuerliche Bevölkerung über und bewirkte, daß man die langen blauen oder grünen Gehröcke und die ledernen Kniebundhosen im Kasten ließ. Und selbst die jungen Gebirgler begannen, die kurze Lederne sträflich zu vernachlässigen.
Diesem Übel wollte ein Mann Abhilfe schaffen. Als das Verschwinden der kurzen Lederhose an einer Tischrunde in Bayrischzell wieder einmal heftig bedauert wurde, forderte der Lehrer Joseph Vogl seine fünf Tischnachbarn auf, sich mit ihm eine zünftige Lederhose anfertigen zu lassen. Das war am 25. August 1883, ein Datum, das in die bayerische Geschichte einging. Die fünf Bayrischzeller taten nämlich mit und machten sich zusammen mit dem Lehrer gleich am nächsten Sonntag nach Miesbach auf, um sich beim Säcklermeister Dilger eine echt oberbayerische Lederhose anmessen zu lassen. Ihrem ersten öffentlichen Auftreten war allerdings alles andere als Erfolg beschieden. Als die jungen Leute ihre Neuerwerbung beim Kirchgang voll Stolz präsentieren wollten, ernteten sie von den Meßbesuchern nur erregtes Mißfallen und Spott. Die kurze Lederhose war bisher nämlich nur als Werktagskleidung bei den Forstarbeitern gebräuchlich gewesen und wurde daher als ein Verstoß gegen die Sitte empfunden. Vor allem die Bauern fühlten sich dadurch provoziert. Es nimmt daher nicht Wunder, daß auch die Kirche gegen die „Kniehösler" Stellung bezog und ihnen die Teilnahme an den Prozessionen verbot. Noch 1913 werden die Kurzhosenvereine vom erzbischöflichen Ordinariat in München als sittenwidrig erklärt. Um gegen die zahlreichen Anfeindungen gewappnet zu sein,

beschlossen die Bayrischzeller unter der Leitung des Lehrers Vogl, einen Verein zur „Erhaltung der Volkstracht im Leitzachtal und Bayrischzell" zu gründen. Um aber dem Gespött und der Mißgunst einen Riegel vorzuschieben, holten sie sich allerhöchste Rückendeckung bei König Ludwig II., dem sie die Vereinsstatuten zur Begutachtung schickten. Darauf ließ der junge König, der wie sein Vater der Trachtenpflege großes Interesse entgegenbrachte, in einem huldvollen Schreiben sein Wohlwollen übermitteln, was die Trachtler natürlich sehr beflügelte. Die Leitzachtaler haben ihm für seine Gnade posthum ihren Dank mit einem großen Kranz aus Almrosen abgestattet. Die öffentliche Anerkennung war danach nur mehr eine Frage der Zeit. So berichtet die Vereinschronik zwei Jahre nach der Gründung, daß zwei Mitglieder den ehrenvollen Auftrag erhielten, die dem Reichskanzler Fürsten von Bismarck als Geburtstagsgeschenk zugedachten sechs Kalbinnen und Stiere nach Schönhausen in den Sachsenwald zu überbringen, wobei sie mit ihren kurzen bestickten Lederhosen, den dazupassenden Wadlstutzen und dem grünen Velourshut überall großes Aufsehen erregten. Wahrscheinlich hat es sich der Lehrer Joseph Vogl, der drei Jahre nach der Gründung des Vereins starb, selbst nicht träumen lassen, daß seine Trachtenerhaltungsidee so starken Widerhall finden würde. Denn bereits im selben Jahr wurde ein zweiter Trachtenverein in Fischbachau gegründet, dem im Jahr darauf Vereine in Hohenaschau und in Feilnbach folgten, die gleichzeitig mit dem Gebirgstrachtenerhaltungsverein „D' lustigen Wendlstoana-Stamm" in München einen Ableger erhielten. In Miesbach, wo bereits seit fast zwei Jahrzehnten Plattler und Trachtengruppen für die Unterhaltung der Gäste sorgten, kam es 1886 zur offiziellen Vereinsgründung, Vereine in Aibling, in Dietramszell, in Gmund am Tegernsee, in Penzberg, in Garmisch, usw. folgten nach. Die große Zahl der Trachtenvereine führte 1890 schließlich zur Gründung des ersten Gauverbandes. Die „Kurzhösler" von einst sind heute ein selbstverständlicher Bestandteil der Volkskultur in Oberbayern. Die kurze Lederhose gehört zu jeder Fronleichnamsprozession und Leonhardifahrt, zum Fingerhakeln und Steinheben, zum Heimatabend wie zum Oktoberfest. Sie ist das Sinnbild des Urbayern.

Dabei darf man aber nicht vergessen, daß die frühen Trachtenvereine in ihrem Bemühen, die überlieferte Tracht, aber auch Sitte und Brauchtum, Tanzgut und Gesang zu erhalten, unversehens und unbewußt etwas Neues schufen. Das beginnt damit, daß man die ehemals sozial gebundene Standestracht in eine Festtags-, oder genauer gesagt, in eine Vereinstracht bzw. -uniform umwandelte, die nun vorzugsweise zu Schauzwecken getragen wurde. Das wiederum hatte zur Folge, daß man die Lederhosen üppiger mit gestickten Ornamenten auszuzieren begann. Nun genügten nicht mehr die verschlungenen „Blumen", sondern Eichenlaub und „jagerische" Motive sollten davon künden, wie sehr der Besitzer sich der Scholle und dem Gebirge verbunden fühlt. Bei genauerer Betrachtung entpuppt sich diese plakative Auszier aber als ein Täuschungsmanöver. Denn die Protagonisten, die der Lederhose zum Siegeszug und zur typischen Ausprägung verhalfen, waren nicht sosehr die angestammten Berufsstände, sondern die bäuerlichen Dienstboten, Handwerker und die „Zugereisten". Sie finden sich aber auch unter der durch die Industrialisierung entwurzelten Arbeiterschaft bäuerlicher Abstammung, für die die Tracht einen Ersatz darstellte. So gehörten die Bergleute von Hausham, die aus Mährisch-Ostrau stammten, zu den aktivsten Trachtlern der ersten Jahre in Oberbayern. Der Säcklermeister Mühlpointner in Schliersee, bei dem sie ihre Lederhosen bestellten, mußte sie nach ihrem Geschmack in einem kräftigen Grün oder Gelb besticken. Die Lederhose fand aber nicht nur im bayerischen Oberland und in der Residenzstadt München, sondern auch jenseits der Grenzen neue Anhänger. So kam es auch in Österreich, wo seit 1870 in Graz bereits alpine Vereinigungen bestanden, zur Gründung von Gebirgstrachten-Erhaltungs- und Schuhplattler-Vereinen nach bayerischem Muster. Gleichgültig ob es sich um Mitglieder der „Alpinia", der „Gaisberger" oder der „Bergkräutln" aus Salzburg oder um Trachtler aus Wien handelte, alle traten in kurzen, eichenlaubverzierten Lederhosen auf. Dazu trug man einheitlich eine graue, nur knapp über die Hüfte reichende Lodenjoppe, die an den beiden Knopfleisten und am Revers mit Blattranken abgesteppt war, den „Scheibling" und die unvermeidlichen „Lofeln", wie die Wadlstutzen in Bayern heißen. Man ging in mehr oder weniger

phantasievoller Abwandlung „miesbachisch", in jener Tracht, die zum Vorbild für alle Trachtler geworden war. Doch plötzlich merkte man, daß daraus eine Einheitstracht, eine Trachtenuniform entstanden war, und man begann beim Zubehör zu variieren. Die Lederhose blieb dabei gleich und läßt an der moosgrünen bis gelblichen Stickerei und den Bändern an den seitlichen Knieschlitzen ihre Herkunft aus Bayern leicht erkennen.
In Österreich besann man sich bald auf die eigenständigen Formen. Hier gab es ja Regionen wie das Salzkammergut oder Südtirol, wo die kurze Lederhose auch außerhalb der Vereinsbewegung lebendig geblieben war. Doch dürften die Trachtenvereine auch in diesen Gebieten das Bewußtsein für das seit dem ausgehenden 18. Jhdt. übliche Beinkleid gestärkt haben, indem sie die traditionelle Lederhose bei Trachtenumzügen, Heimatabenden, Gauderfesten und dergleichen brauchtümlichen Anlässen zeigten. Bei diesen bewußten Darbietungen überwog die Freude an der Vorführung der Tracht, es war für die Trachtler Ausdruck ihrer Verbundenheit mit der Heimat. Es handelt sich um eine Frühform des Folklorismus, die jedoch zum Unterschied von zahlreichen gegenwärtigen Erscheinungsformen dieses „Volkstums aus zweiter Hand" noch frei von touristisch-kommerziellen, showbusiness-mäßigen Absichten war.
Diese Aneignung des Volkstums gab es ja auch auf einer viel höheren Ebene. Wenn Kaiser Franz Joseph bei seinen Sommeraufenthalten in Ischl, wo er, nicht nur im ehernen Jagdstandbild, noch allgegenwärtig ist, bei jeder passenden Gelegenheit in der „Kurzen" erschien, so geschah das nicht, um ein Beispiel für die Erhaltung der Tracht zu geben – dies war im Salzkammergut ohnehin nicht nötig –, sondern um seine Volksverbundenheit zu demonstrieren. Die ganz im Stile des Salzkammergutes geschnittene, enge und bis zu den Knien reichende Lederhose, die in der Kaiservilla zur Besichtigung ausgelegt ist, gibt Zeugnis, daß sich der oberste Jagdherr bei seiner Lieblingsbeschäftigung nicht von seinem Jagdgefolge unterscheiden wollte. Hierin folgte er Erzherzog Johann, der sich bereits am Beginn des 19. Jhdts. in der Tracht der Jäger zeigte und darin zu einer Symbolfigur für eine ganze Epoche wird. Bei ihm wird die adelige Abstammung durch die Beibehaltung der Kniebundhose jedoch noch deutlich unterstrichen. Prinz

Luitpold von Bayern hingegen ist in seiner oberbayerischen Lederhose, zu der er noch die passenden Stutzen trägt, von einem Jäger aus dem Tegernsee-Schlierseer Gebiet kaum zu unterscheiden. Nicht weniger zünftig erscheinen seine Söhne, die gleich ihrem Vater passionierte Jäger waren. Oberbayerisch kleidet sich auch Herzog Max, der Vater von Kaiserin Elisabeth. Seine Art, einen etwas kleineren Stopselhut zu tragen, wird ebenso stilprägend wie seine Liebe zur Zither.

Die Lederhose verdankte ihre Aufnahme bei den führenden Gesellschaftsschichten sicher deren Jagdleidenschaft. Diese Passion brachte die Herrschaften in engen Kontakt zum Volk und lehrte sie die Vorzüge dieses praktischen Beinkleides schätzen. Die Übernahme der ortsgebundenen Standeskleidung durch die Habsburger und Wittelsbacher blieb jedoch nicht ohne Auswirkungen. Sie rief bei der Landbevölkerung ein neues Selbstbewußtsein, eine Wertschätzung der eigenen Kleidung hervor, die sie veranlaßte, diese zu bewahren. Zum anderen erlangte sie durch den Adel einen neuen Stellenwert, der die Lederhose nun auch in gehobenen Sozialschichten standesgemäß machte. Hier müssen vor allem Ludwig Ganghofer und Ludwig Thoma genannt werden, die beide Lederhosenträger waren und sicher weite Kreise für die „Lederne" gewannen.

Den Durchbruch schaffte die kurze Lederhose aber erst nach dem Ersten Weltkrieg, als die zahllosen Touristen ihre Neuerwerbung nicht nur im Ferienort, sondern auch in der Stadt anzogen. Mit dem Erfolg der Operette „Im weißen Rößl“ gelang ihr der Sprung vom Wolfgangsee über das große Meer und zu einer weltweiten Verbreitung. Damit scheint das Postulat von der Stammestracht zunächst ad absurdum geführt. Was die Grenzen des bajuwarischen Territoriums überschreitet, kann freilich keinen Anspruch auf Echtheit erheben. Es handelt sich dabei nämlich um jenen grauen, überaus kurzen, mit aufgebogenen Stulpen und einem Schlitz versehenen Ableger der Lederhose, der unter der Bezeichnung „Sepplhose“ firmiert und von den Gebirgstrachten-Erhaltern streng verpönt war. Mit der grauen Hose wurde ja auch nicht mehr Traditionspflege und Heimatbewußtsein verbunden, sondern Jugendlichkeit, Gesundheit und Wanderlust. Die „Sepplhose“ wurde zur Tracht der verschiedensten Jugendbewegungen und blieb es auch, als sich die Farbe des Hemdes in braun verwandelte. Doch die Lederhose überstand selbst diese Pimpfenzeit. Nach dem Zweiten Weltkrieg waren die Eltern froh, wenn sie ihre Kinder in eine Lederhose stecken konnten, zunächst noch die Vierzehnjährigen, später nur mehr die Vorschulpflichtigen. In Erinnerung an die eigene Kindheit hielt man an der „Lederhosenpose“ fest und sei es nur, um diesen wichtigen Lebensabschnitt für das Familienalbum auf Zelluloid zu bannen.
In allen übrigen Lebensbereichen wurde die Lederhose weitgehend von den Blue jeans aus dem Feld geschlagen. Zum Trost für die Lederhosenfans sei jedoch erwähnt, daß die aus strapazierfähigem blauen Leinen hergestellten Hosen die Erfindung des aus Bayern nach San Franzisko ausgewanderten Levi Strauss sind.
Die Geschichte der Lederhose ist damit aber noch nicht zu Ende. Abgesehen davon, daß sie in ihren Stammlanden nach wie vor in ihrer traditionellen Art erhalten blieb, erinnert man sich auch wieder der Kniebundhose, nicht etwa der Knickerbocker mit ihren weiten und überfallenden Beinteilen, sondern der engen, weiß oder grün ausgenähten, wie Erzherzog Johann sie trug. Die Propagandisten dieser Hose rücken damit bewußt das adelige Vorbild in den Vordergrund, da sie erkannten,

daß sowohl die „Sepplhose“ als auch die durch folkloristische Exhibition zu einseitig fixierte „Kurze“ für ein breites bürgerliches Publikum nicht mehr zeitgemäß erscheint. Mit der Kniebundhose wurde von der Trachtenpflege aber eine Möglichkeit geschaffen, auch außerhalb der Trachtenvereine, Musikkapellen und Schützenkompanien eine Lederhose zu tragen. Die Betonung ihrer Exklusivität, an der besonders wieder die Wittelsbacher großen Anteil haben, trägt wesentlich zur zunehmenden Verbreitung bei. Damit wird man gegenwärtig Zeuge eines Vorganges, wie er sich ähnlich bereits am Ausgang des 18. Jahrhunderts zeigte. Damals begann nämlich die enge Kniebundhose die weiten und schweren Pumphosen der Bauern zu verdrängen. In der Perücken- und Zopfzeit war die „culotte“ in der Herrenmode ja längst bekannt. Nun erlangte sie aber durch die Übertragung der modischen Form auf das heimische Leder volkstümliche Verbreitung. Von der seidenen „culotte“ übernimmt die „Lederne“ den Hosenlatz und von ihrer reichen und verspielten Auszier die seitlichen Knöpfe bzw. Bänder. Wegen dieser Elemente, die man ohne sichtbare Notwendigkeit auch auf der kurzen Lederhose feststellen kann, glaubte man den Schluß ziehen zu können, auch die „Kurze“ hätte sich aus der „culotte“ entwickelt, umso mehr, als vor 1800 noch kaum Zeugnisse für die kurze Lederhose zu finden sind; kurz danach ist sie aber bereits voll ausgeprägt.
Andererseits gibt es bereits in der Vorgeschichte Hosen aus Leder und es hat daher nicht wenige Stimmen gegeben, die die Lederhose den Germanen zuschreiben. Im Gegensatz zu den Kulturvölkern des Mittelmeergebietes bevorzugten die Männer in den kälteren Regionen ausgeprägte Beinkleider in Form von Langhosen und Beinumwicklungen. Das gilt freilich noch nicht für die Bronzezeit, sondern erst für die spätere Eisenzeit, in der es zu einer einschneidenden Klimaverschlechterung kam. Moorfunde aus dieser Epoche geben Kunde von Beinwickeln aus Lederstreifen und Hosen mit Beinteilen, die sich bis in die Zehenspitzen fortsetzen, so daß sie eine Art Strumpfhose bilden. Sie ist im germanischen Bereich eine Neuerung, die bei den eurasischen Reitervölkern, den Thrakern, Skythen und Persern, schon längst in Verwendung stand. Unser Wissen über die germanische Beinkleidung wird besonders durch die römischen Bildsäulen bereichert. Auf ihnen

werden die gefangenen Germanen stets in langen Hosen, gleichsam mit dem Stigma der Barbaren, dargestellt. Die Hosentracht lernten die Römer vor allem aber bei den Galliern unter der Bezeichnung „braca" kennen. Wegen ihrer Herkunft war sie in Rom zunächst verachtet, doch als man sie im römischen Heer einführte, setzte sie sich allgemein durch. Während die „braca" von den Kelten und Germanen sowohl mit kurzen als auch langen Hosenröhren getragen wurde, gestalteten sie die Römer zu einer engen, knapp über das Knie reichenden Hose um. Es ist interessant, daß die Erinnerung an die keltisch-germanische „braca" noch in der norwegischen Bezeichnung brok, im Englischen breeches und im Deutschen als Bruch (ahd. pruoh, mhd. brouch) erhalten blieb. Die Bruch meinte vormals also das, was wir heute als Hose bezeichnen, während das althochdeutsche hosa eine strumpf- oder gamaschenartige Umhüllung des Unterschenkels darstellte, die wie die Bruch aus Leder, Wollstoff oder Leinwand bestehen konnte. Vergegenwärtigt man sich diese wohl bis in karolingische Zeit übliche und aus Bruch und Hosen bestehende Beinkleidung, so könnte man darin bereits die Urform unserer Lederhosentracht erblicken, zumal die gamaschenartigen Umwicklungen der Waden (engl. hose = Strumpf, franz. houseaux = Gamaschen) frappant an die gestrickten „Beinhöseln" der Tiroler und Bayern erinnern. Andererseits trug man, wie eine Rekonstruktion ergab, zur Zeit der bayerischen Agilolfinger fast ausschließlich Langhosen, die man entweder beim Knöchel, um das Knie oder mit einer Umwicklung an die Wade festband. Noch um 800 erscheint der Mäher auf dem Julibild des Salzburger „Bauernkalenders" barfuß in einer langen offenen Hose. Das ist ein krasser Gegensatz zur mittelalterlichen Tracht, die nur die engen, langen trikotartigen Beinlinge kennt, die an eine kurze, schwimmhosenförmige Bruch angenestelt oder mit dieser fest verbunden werden. Obwohl man diese Beinlinge ebenfalls als Hosen bezeichnete, liegt ihnen jedoch eine andere Entwicklung als den Gamaschen zugrunde. Sie entstanden nämlich aus den Socken, worunter die Römer zunächst eine Art Pantoffeln verstanden. Aus diesen „soccus" – die bei uns noch in den als „Zokkeln" benannten Holzschuhen weiterleben – wurden dann im Lauf der Zeit hohe, bis an die Waden reichende Stiefel, daneben aber auch solche

aus Filz und Wollzeug, die immer länger wurden, um schließlich sogar die Oberschenkel zu bedecken. Diese stets in der Mehrzahl oder auch als „ein Paar Hosen“ bezeichneten Beinlinge waren im Mittelalter aber noch nicht gestrickt, sondern je nach Stand aus verschiedenem Material. Bei den Bauern überwogen wohl Leinen, Loden und Leder („Irch“). Je länger nun aber die Beinlinge im Laufe der Gotik wurden, umso kleiner wurde die eigentliche Hose, die Bruch, bis sie schließlich überflüssig wird, als die Beinlinge bis an die Hüften reichen. Der Schritt blieb dabei zunächst noch offen, wurde aber geschlossen, als das körperbetonende Wams sich derart verkürzte, daß es den Unterkörper nicht mehr bedeckte. Um den Schritt zu verbessern, erfand man dazu die Schamkapsel, die Braguette. Als bequem konnte man diese prall sitzende Beinkleidung dennoch nicht bezeichnen, weshalb man sie in der Folge an den Beugestellen wiederum aufzuschlitzen begann. Für die Arbeit war diese Hose offensichtlich überhaupt nicht zu gebrauchen, denn die Bauern nestelten die getrennten Beinlinge noch bis ins ausgehende 15. Jahrhundert an die Bruch. Sie trugen ja auch kein Wams, sondern weiterhin den um die Mitte gegürteten Überrock, das „Hemat“.
Neben den „parhosen“ tauchen im 16. Jahrhundert neue Bestandteile der Beinkleidung auf. In einem Inventar des Hans Viechter, Müller zu Kitzbühel vom Jahr 1560, sind zu „ain rots Par Hosen“ noch ein „lidren Gesäss“ und weiters „1 alts lidres Par Hosen mit ainem praunen Übergesäß“ verzeichnet. Gsaß, Plodergsaß und in der Folge auch Gsaßhosen markieren ab der 2. Hälfte des 16. Jahrhunderts eine neue Art der Beinkleidung, die für die weitere Entwicklung der Hose bestimmend wird. Bei der als Gsaß bezeichneten Kleidung handelt es sich nämlich um eine Oberschenkelhose, die über die Beinlinge angezogen wird. In der Oberschicht werden die Pluderhosen unter dem Einfluß der spanischen Mode zu mächtigen Ballons, den „spanischen Heerpauken“ auswattiert, von den deutschen Landsknechten hingegen geschlitzt, mit bunten Stoffen unterlegt und zu gewaltigen Bauschen aufgepufft. Die straffen Beinlinge aber, die beim Steigen ohnehin sehr unbequem waren, schnitt man oberhalb des Knies ab, so daß nur mehr Hosenstümpfe übrigblieben. Diese „Stimpfe“, aus denen sprachlich unsere Strümpfe hervorgingen, fertigte man wie die bis zum oder auch über das

Knie reichenden Gsaßhosen in Tirol und Bayern weiterhin aus Loden und Tuch, vor allem aber auch aus verschieden gefärbtem „irchenen" Leder. Die „geschmitzte", d. h. schwarz gefärbte Lederhose setzte sich von Tirol ausgehend erst ab 1700 auch in der Steiermark und in Bayern durch. Mit der Trennung des Beinkleides in einen Strumpf und in ein ledernes Gsaß, das mit der Verkürzung der Beinlinge allmählich auch deren ursprüngliche Bezeichnung als Hose übernimmt, ist nun jenes Stadium erreicht, das als Ausgangspunkt für die Entwicklung unserer kurzen Lederhose bezeichnet werden kann.

Während die niederländische Mode mit ihrer weit über das Knie fallenden Schlumper- oder Pumphose bis zur Ablöse durch die französische „culotte" das Bild der bäuerlichen Tracht prägte, scheint die spanische Mode im alpinen Bereich nachhaltiger wirksam geblieben zu sein. Die Zillertaler liefern dafür ein gutes Beispiel. Sie verteidigten ihre überkommene Tracht nicht nur gegen die geistlichen Behörden, die sie als zu unzüchtig befanden, sondern riskierten auch, daß man ihre Kleidung „für eine Faschings-Tracht zu einen gelächter, und gspött" ansah, weshalb man schon „solich beclaidten Personen sogar den Eintritt in frembdes Land würklich verbotten hat." Der Grund des Anstoßes wird in dem Kommissionsbericht gleich mitgeliefert: „Die Mannbilder pflögen so kurze, aber ser weite gefaltete Hosen zu tragen, das unterhalb soliche nur bis auf die Kniehe reichete, und zwischen Strumpf und der hosen der blosse Fuess gesechen wurde." Sie langten nicht einmal bis an die Hüften und standen, wogegen man besonders zu Felde zog, vorne ein, zwei bis drei und noch mehr Finger weit auseinander. Joseph Anton Kapeller (1761–1806) und Johann Georg Schädler (1777–1866) schufen dazu präzises Anschauungsmaterial. Ihre Darstellungen von jungen Alphirten, Kraxentragern und Schützen zeigen die niederen, plodrigen Hosen, die oberhalb des Knies mit einem Band zusammengezogen sind. Die Abbildung einer vorne offenen Hose findet man in der „Beschreibung der fürstlichen Grafschaft Tirol" von Franciscus Nigrinus aus dem Jahr 1703. Sie zeigt einen „Duchsser" mit einer knapp über das Knie reichenden, nicht abgebundenen Hose, die ebenfalls nur bis an die Hüfte geht. Verschieden lange Beinkleider sieht man

auch auf einem Kupferstich von Elias Beck, der 1704 drei zur Defension aufgebotene Tiroler Scharfschützen abbildete. Sie erscheinen in einer relativ engen, kniefreien Hose, in einer das Knie halb bedeckenden und in einer Kniebundhose, womit der Künstler wohl auch die Sozialstellung der Landesverteidiger ausdrücken wollte.

Die weiten plodernden Hosen waren jedenfalls ein bewußt beibehaltenes Standeszeichen der Tuxer und Zillertaler Öltrager und Handschuhverkäufer, die mit ihrer Tracht den Wert der angebotenen Ware zu unterstreichen wußten. Die „weithoseten Tyroler", die singend und handelnd überall hinreisten, waren, wie August Lewald schreibt, in ganz Deutschland bekannt genug. Es wundert daher nicht, wenn man in Berichten und Darstellungen über die Gebirgstracht in Bayern immer wieder auf Tiroler Einflüsse stößt. Am deutlichsten hat Felix Dahn diese Wechselwirkung erkannt und in der „Bavaria" dargelegt: „Ungefähr seit 1820 begannen ledige Burschen und Knechte daselbst die uralte Tracht der tyrolischen Holzarbeiter, die neben ihnen in Arbeit standen, nachzuahmen, insbesondere das alte Lodenhemd, von ihnen Juppe oder Joppe genannt, in seiner ächten Form ohne Kragen, vorne offen und glatt, ohne Knopf und

Knopfloch, am Rücken mit einer Handlang zusammengenähten Gegenfalte, mit Ärmeln ohne Aufschlägen; der Stoff wie der des Zillerthalerhemdes von Loden oder grauem Tuch, am Halse und an der Brust mit einem 2 Zoll breiten Tuchstreifen. Zu diesem Oberkleid gehörte dann ein schwarzer Flor um den Hals, grüne Hosenträger, eine gestickte Leibbinde um die Hüften, kurze, zierlich ausgenähte Lederhosen bis an 's Knie, an das sich Beinhöseln oder Lofeln schlossen, und auf dem Kopf der Miesbacher Hut oder auch der Täubling, dunkelgrün mit niederem Gupf und breitem allerorts gebogenen Rand. Die ganze Tracht ist duxerisch. Es waren nun zuerst die Jäger, welche diese Kleidung, weiter ausgeschmückt, annahmen; sie setzten an das Lodenhemd den grünen Kragen, an die Aermel grüne Aufschläge und später noch an die Brust Knöpfe und grüne Überschläge und die so umgebildete Jäger-, Miesbacher- oder Tegernseer- Joppe begann nun das allgemeine Gewand der bayerischen Gebirgsbauern zu werden."

Bemerkenswert erscheint, daß die kurze Lederhose, die ein wesentliches Kriterium der gebirglerischen Tracht darstellt, zunächst nur von Holzknechten, Jägern, von den Sennen und Knechten, kaum jedoch von Bauern getragen wurde. In Schliersee, in der Jachenau und im Gericht Auerberg und Aibling tritt sie bereits um 1800 mit reicher ornamentaler Verzierung auf.

Für die Herstellung der Lederhosen wird in erster Linie Hirsch- und Gamsleder verwendet. Wegen des angenehmen Tragens wurden auch Bockhäutene sehr geschätzt, doch ist Ziegenleder heute sehr rar. Dafür nimmt man hin und wieder Rindsleder. Zur Verarbeitung werden die Häute sämisch gegerbt. Beim „Irchen", wie man im bayrisch-österreichischen Sprachgebrauch dafür sagt, wird das Leder gewalkt und mit Öl oder Fischtran behandelt, wodurch es weich und biegsam wird und diese Vorzüge auch bei Regen beibehält. Das „Irchen" wie auch das Färben („irch" heißt im mhd. „weißledern, aus Bock- oder Gamsleder") besorgten die Bauern früher vielfach selbst, denn sie ließen ihre Hose oft vom Störschneider herstellen. Es war ja auch gleich, ob sie ihre Bestellung einem Säcklermeister, einem Handschuhmacher, einem Weißgerber oder Schneider aufgaben, wichtig war, daß die Hose nach der üblichen Art ausfiel.

Ähnlich war es beim Färben. Gewerbemäßig stand es dem Nestler zu, doch auch der Weißgerber oder der Säckler färbten ihr Leder selbst. Noch heute schwört jeder auf sein eigenes Rezept. Aus Öl und Wasser, dem man Teile von Blauholz zum „Schmitzen" (Schwarzfärben) oder solche von Braunholz zum Braunfärben beimengt, wird zunächst ein Sud gebraut, mit dem man das Leder grundiert. Anschließend wird es mit Kupfervitriol- oder Eisenvitriolsäure eingefärbt. Diese Prozedur ist vier- bis fünfmal notwendig. Um dem Leder eine besondere Patina zu verleihen, bedient man sich spezieller Tricks. Echter Glanz entsteht jedoch erst nach jahrelangem Gebrauch und läßt sich durch Abschaben oder durch Behandlung mit Speckschwarten nicht erzwingen.
Die alten Lederhosen waren sehr eng und reichten bis zum Knie, ja manchmal sogar darüber, so daß man sie beim Stehen (oder auf Bildern) kaum von einer Kniebundhose unterscheiden kann. Es war dies offensichtlich ein Kompromiß an die Mode des 18. Jahrhunderts. Um die Bewegungsfreiheit zu erhöhen, schlitzte man die Hosenröhren meist an der Außenseite auf und besetzte sie mit Hirschhornknöpfen oder zog Bänder ein. Die enge Paßform bedingt natürlich eine spezielle Schnittgestaltung. Der Säckler, der meist eine Auswahl von Grundschnitten besitzt, unterscheidet zwischen dem Hosenbund, dem Latzbund (das ist der kleine Querstreifen über dem Latz), den Leistln (schmale Streifen, die den Latz seitlich abschließen) samt Leistlköpfen und den Beinlingen. Um die Naht im Schritt zu vermeiden, schneidet man die Beine aus einem Stück und näht sie nur am Schenkel zusammen. Die Taschen werden meist in die Seiten- oder Bundnaht eingearbeitet, wo sie am wenigsten auftragen. Zur Hose gehört auch noch eine Tasche für das aus Messer, Vorleggabel und Streicher bzw. Löffel bestehende Besteck. Die Besitzer schätzen daran besonders die kunstvoll geformten Hefte aus Gamskrickerln oder solche mit Bein- bzw. Perlmuttereinlagen. In der Steiermark und in Bayern kennzeichnet man die Stilettasche durch ein Messersackleistl. Den Blickfang der Lederhose bildet aber unbestreitbar der Hosenlatz, gemeinhin auch Hosentürl genannt. Sein Fehlen gab stets Anlaß zu Kleidervorschriften. So fordern die Weistümer der Herrschaft Kufstein aus der Zeit des Dreißigjährigen Krieges, daß die

Mannsbilder recht gemachte Türlhosen tragen sollten. Auch für die Gsaßhosen des Zillertales wurde ein „vornher ybereinander gehender Schnitz, oder aber läzl" vorgeschrieben. Der vordere Verschluß bereitete den Schneidern lange Zeit Schwierigkeiten. Im Mittelalter behalf man sich durch die Einfügung eines Sackes, der Schamkapsel oder Braguette. Durch verschiedene Farbgebung, durch Verzierung mit Bändern und Schleifen und durch Vergrößerung wurde dieser Teil gesondert hervorgehoben. Als nach der Pluder- und Pumphose mit der „culotte" neuerlich enge Beinkleider Mode wurden, fand man im Hosentürl einen entsprechenden Ersatz, den man nun ebenfalls mit reicher Auszier versah. Ihm verdankt die Lederhose ihren „sex appeal".

Die Auszier läßt sich seit dem 18. Jahrhundert feststellen. In Südtirol, wo asymmetrische Hosenlätze und Schlitzverschlüsse gebräuchlich sind, fehlt die Verzierung in der Regel. Dafür näht man in der Meraner Gegend eine dünne Kordel aus purpurner Seide, die unterhalb des Messersackes in drei Schlingen gelegt wird, entlang der Seitennaht an. Charakteristisch für die Südtiroler Hosen, die früher sogar mit Leinen gefüttert wurden, ist außerdem die Ködernaht, bei der die Nahtstelle nicht bemerkt werden soll. Normalerweise sind die Lederhosen nämlich mit gelben Nähten versehen, bei denen die Lederkanten außen zusammengesteppt werden. Um sie besonders deutlich hervortreten zu lassen, legt man dazwischen noch einen Lederstreifen ein, so daß vier Kanten sichtbar werden, die man bis knapp über der Naht abschneidet. Der Kenner bewertet die Hose aber nach der Anzahl der blinden Steppnähte, die neben die gelbe Naht gesetzt werden. Er spricht dann von drei-, fünf- oder siebennähtigen Hosen. In der Chiemsee-Gegend werden diese Ziernähte sogar „gewichst" (mit Wachs eingelassen) und versilbert.

Eine besondere Naht weisen Hosen mit einem „Teller" auf; bei ihnen wird die gelbe Seitennaht ab der Mitte des Oberschenkels tellerartig über das Gesäß geführt und an ihrem Scheitelpunkt zusätzlich mit „Blumen" verziert. Bei wertvollen Hosen entspricht die Naht dem aufwendigen Zuschnitt, oft wird sie aber nur blind angefertigt. Zu dieser „Tellerhose", als deren Heimat das Innviertel und Ostbayern, aber auch Salzburg und

Berchtesgaden anzusehen ist, gehören Schaftstiefel, ein schwarzsamtenes Leibl, eine „Blattlfatsche“, ein „Stockhütl“ und als weiteres Kennzeichen ein goldbraunes „Scheikl“ mit der typischen Sutaschverzierung. Diese Auszier verrät unschwer die Herkunft aus Ungarn. Dort findet sich auch die Entsprechung für die „Tellernaht“: die Verschnürung an den blauen, slowakischen Tuchhosen, die auch zum Vorbild für die Husarenhosen geworden war. Mitgebracht haben sie die Rottaler Burschen, die damit zeigen wollten, daß sie das „Wassergeschäft“ so weit donauabwärts führte. Später zog man an Stelle der Stiefel Socken und Haferlschuhe an, was den Gesamteindruck eigentlich zerstörte. Im Salzburgischen hat man die Stiefelhosen sogar zu einer „Kurzen“ mit „Tellernaht“ abgeschnitten.
An der Lederhose ziehen primär die „Blumen“ und das „Laub“, die sich auf Hosentürl und Hosenbein ranken, das Augenmerk auf sich. Während im Salzkammergut und in Salzburg bei den „Bloamen“ das rein vegetabile Ornament eigentlich unverändert seit dem 18. Jahrhundert angewendet wird, bedient sich die Auszier in Bayern vor allem jagerischer Motive. Hirsch, Gams, Eichellaub und Weinlaub werden hier aber nicht in Reliefstickerei ausgeführt, sondern mit moosgrüner Seide in flächenfüllender Plattstickerei auf das Leder gezaubert.
Edelweiß und Enzian bleiben den Hosenträgern vorbehalten, deren waagrechter Sattel zum Aushängeschild der Trachtler avanciert. Gleich einem Bilderbogen entdeckt man darauf verschiedene Wappen, Initialen, riesige Hirschgeweihrosen, sinnige Sprüche („Treu dem alten Brauch“) oder das Bild König Ludwigs II., des Schirmherrn der Trachtler. Erste Nachrichten über Hosenträger aus der Mitte des 17. Jahrhunderts berichten von roter oder grüner Seide. So heißt es in jenem „Ehehaft-Täding“ aus der Herrschaft Kufstein, das den Männern die rechtgemachten Türlhosen vorschreibt, daß sich die Bauernburschen vor den seidenen Hosenträgern und vor den großen, kostbaren, über 2 fl 30 kr ausmachenden Bauchbinden hüten sollten. In Südtirol werden solche grünen „Hosenheber“ aus breiten Wolldamastbändern mit eingewebtem Doppeladler und doppeltem Sattel noch getragen. Hier findet man auch noch die alte Form mit den zu einem Mittelknopf führenden Bändern. Am bekanntesten sind aber wohl die

ledernen „Hosenkraxen“ der Sarntaler. Diese haben vorne zwischen den parallellaufenden „Hebern“ einen Keil, in den verschiedene Ornamente gestanzt und gepreßt sind. Die Mitte des Sattels wird mit feinsten Federkielstickereien geziert, wofür sich im Sarntal noch Künstler finden.
Kein Wunder, daß in Tirol die federkielbestickten Bauchbinden als Bestandteil der Tracht im Gegensatz zu Bayern noch eine bedeutende Rolle spielen. Der Ranzen verdankt seine Entstehung der Gewohnheit, das Geld in einem um die Leibesmitte gelegten, schlauchförmigen Gürtel zu tragen. Um den inneren Wert auch nach außen zu zeigen, begann man die „Geldkatzen“ bald zu verzieren. Daraus wurde ein Luxus, dem sich kein Mann, der auf sich hielt, entziehen konnte. Zunächst schmückte man die Ranzen mit kleinen Metallstiften aus Messing oder Zinn. Die Aufträge für gestiftete Ranzen gingen jedoch rapid zurück, als gegen Ende des 18. Jahrhunderts die Federkielstickerei beliebt wurde. Ihre Blütezeit liegt im ersten Drittel des folgenden Jahrhunderts, wo sich eine rege Hausindustrie der Erzeugung widmete und für eine weite Verbreitung sorgte. Das läßt eine reiche Palette an Verzierungsmöglichkeiten entstehen, die sich an den verschiedenen Formen der Bauchriemen und an der Art ihrer Gürtung orientierten. Die Burggräfler tragen die großen, aus Messingblech getriebenen Schnallen nämlich vorne, während die Passeier sie hinten schließen. Bei den „Blattlfatschen“ konzentriert sich die Auszier auf den ovalen Mittelteil. Die Motive, die man zur Ausschmückung verwendet, entstammen dem vertrauten Formenschatz der Volkskunst, der durch seine Variationsfähigkeit immer neue Kompositionen schafft.
Die Wirkung weiß man mit schwer behängten Uhrketten und silbernen „Berlocken“ noch zu erhöhen. Alles zusammen ordnet sich jedoch einem trachtlichen Gesamtbild unter, für das die kurze, ausgenähte Lederhose bestimmend ist.
Dabei soll nicht vergessen werden, daß die kurze Lederhose erst um 1800 in der uns bekannten Form und – wie es den Anschein hat – urplötzlich, ohne Entwicklung, als Tracht der Forst- und Almleute auftritt und in kürzester Zeit zum Inbegriff des alpenländischen Beinkleides wird. Am Beginn ihrer Genealogie steht ohne Zweifel die aus der spanischen Mode übernommene

„Gsaßhose“ (= Gesäßhose), die im Tuxer- und Zillertal treue Anhänger findet. Sie verwenden auf ihren weiten Handels- und Sängerfahrten die etwas „anrüchige“ Hose als alpine „Verpackung“ und als Gütesiegel für ihre Darbietungen. Während man in Nord- und Südtirol mit der geringen Leibhöhe, dem asymmetrischen Seitentürl und den „Schlotterbändern“, die zum Festbinden der Strümpfe dienen, die Urform der einstigen Oberschenkelhose weitgehend beibehält, hinterläßt nördlich und östlich davon die enge, reich verzierte und mit einem Hosentürl versehene Kniebundhose, die französische „culotte“ der Barock- und Rokokozeit, modische Spuren. Daraus entwickelt sich die enge „Knie-âbi-Hosn“, wie sie im Salzkammergut und hier vor allem auch von Kaiser Franz Joseph getragen wurde. Diese Förderung durch den Habsburger und Wittelsbacher Adel verhilft der „Ledernen“ zum Durchbruch – zu ihrem Sieg jedoch der Lehrer Joseph Vogl aus Bayrischzell, der sie in den achtziger Jahren des 19. Jahrhunderts zum zweiten Mal aus der Taufe hebt und sie innerhalb der Trachtenvereine wieder populär macht. Seit dieser Zeit kann man die bayerischen Lederhosen mit den moosgrünen Eichenlaubverzierungen aus Plattstickerei leicht von den grün ausgenähten Hosen der Steiermark und den weiß ausgenähten aus

Salzburg unterscheiden. Die am Knöchel zugebundenen Stiefelhosen mit der Tellernaht, zu denen man später nur mehr Socken und Haferlschuhe trägt, dringen in Salzburg und in Berchtesgaden zwar in die Alpenregion ein, ihre Heimat bleibt aber Ostbayern und das Innviertel.
Das Angebot der Lederhosenmacher umschließt aber nicht nur Trachtenlederhosen, sondern auch die grauen „Sepplhosen“, Knickerbocker, Breeches, Berufs- und Sportbekleidung. Es gibt eben viele verschiedene Abarten des ledernen Beinkleids. Für die einen ist es selbstverständlich hingenommene Werktags- und Sonntagstracht, über die sie sich weiter keine Gedanken machen, für die anderen eine Trachten-„Uniform“, in der sie sich bei patriotischen und folkloristischen Anlässen zur Schau stellen; andere wieder schlüpfen im Urlaub in die Lederne, um sich so recht naturverbunden zu fühlen. Dieses Gefühl vermitteln zwar auch Blue jeans, eine schöne, handgefertigte Lederhose, auf die man oft wochenlang warten muß, können sie freilich nicht ersetzen. Das kostbare Wildleder verleiht seinem Träger nämlich einen Hauch von Extravaganz und Exklusivität.

Federkielbestickter Gürtel (Detail) aus der Steiermark. 1815

Und de Bauernbuam
de müaßn afn Bauern losn,
wånn er ummasumpert
in da Lederhosn.
Jodler

Liebe Goll

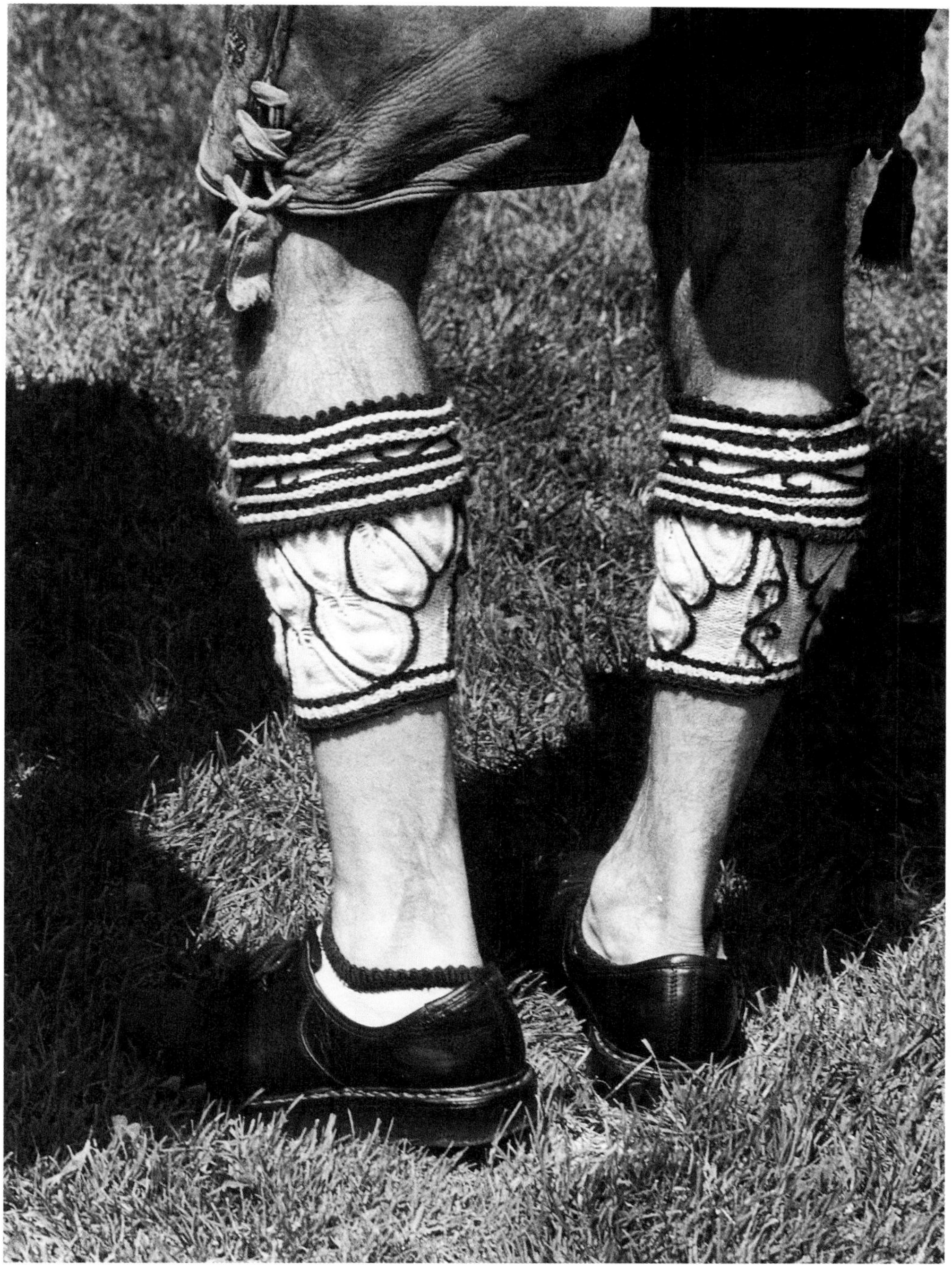

„Loferl“, besonders in Bayern zur kurzen Lederhose getragene Wadenstutzen.
Gegenüber: Federkielbesticktes „Blattl“ eines Leibgurtes. Salzburg

Landeswappen, Edelweiß oder König Ludwig II. – beliebter Blickfang auf den Stegen bayerischer Lederhosen.
Gegenüber: Trachtenlederhose aus dem Chiemgau. Oberbayern

L.: Tracht aus dem Alpbachtal. Tirol. R.: Tracht aus dem Werdenfelser Land. Oberbayern.
Gegenüber: Steirische Bauernfamilie. Um 1880

Warum erfreut sich die Trachtenkleidung immer steigender Beliebtheit und Verbreitung? 1. Weil sie ausgezeichnet kleidet. 2. Weil sie für die warme Witterung und besonders für Ausflüge und Touren die zweckmäßigste Kleidung ist. 3. Weil sie infolge ihrer langen Haltbarkeit billiger kommt als Stoffanzüge. 4. Weil das Tragen einer echten unverwüstlichen Lederhose, „die man nicht schonen braucht", das Gefühl der Ungebundenheit und somit gesteigerte Lebensfreude verleiht. 5. Weil sie hygienisch wirkt durch den reichlichen Luftzutritt zur Haut, den sie durch losen Sitz und durch die weite Öffnung beim Knie gewährleistet. 6. Für Knaben ist die Lederhose überhaupt unentbehrlich, da mit ihrem Gebrauch das ununterbrochene Ausbessern und Reinigen der Knabenstoffanzüge aufhört. Lederhosen werden vielfach erst dann für fesch gehalten, wenn sie die nötige „Patina" aufweisen. Auch ein Herauswachsen ist kaum zu befürchten, denn auch bei schnellem Wachstum kann die Lederhose zwei bis drei Jahre getragen werden.

Werbekatalog des Lederspezialhauses Joh. Jahn, Salzburg. Um 1930

Hoch die
Bauerntracht

Teilnehmer an einem Gautrachtenfest in Berchtesgaden. Oberbayern.
Gegenüber: Sarntaler Tracht mit federkielbestickter, lederner „Kraxe“. Südtirol.

L. o.: Holzschnitzer aus dem Grödnertal. Südtirol. R. o.: Ötztaler Festtracht. Tirol.
L. u.: Zwei Burschen aus dem Ausseerland. R. u. Salzburger Gebirgstracht. Alle Photographien um 1890

L.: Altsteirische Tracht mit Gehrock und Spielhahnstoß auf dem Hut.

Die Berchtesgadner Weihnachtsschützen. Oberbayern. Gegenüber: So präsentierte sich um 1880 eine Berchtesgadner Trachtengruppe im Atelier des Photographen.

Es leb der Schütze froh und frei, ja froh und frei,
mit ihm die ganze Jägerei, die ganze Jägerei.
Und kommt der Feind ins Land herein
und solls der Teufel selber sein,
es ruhen unsre Stutzen nicht
bis einst das Auge bricht, ja bricht.
Schützenlied

L.: Bauer aus Sparbach im Wienerwald in der typischen niederösterreichischen Stiefelhose. R.: Trachtenpärchen aus St. Ägyd in Niederösterreich in bayerischer bzw. steirischer Gebirgstracht. Gegenüber: Bauern in alten Salzburger Trachten bei einer Brauchtumsveranstaltung in den späten 30er Jahren

Wannst a Trachtler willst sein
Schliafst in d'Iachane 'nein,
Setzst a grüns Hüatl auf
Und a Schneidfedern drauf.
Trachtlergstanzl

Oberbayern einst (gegenüber) und heute – ein Land reicher Lederhosentradition

Tiroler Kinder am Katholikentag. Wien 1933

Beschreibung der für Lederhosen in Betracht kommenden Ledersorten.

1. Gemsleder, leicht bis mittelstark, zäh, schmiegsam und verhältnismäßig leicht. In Mittelstark für den Normalgebrauch sehr zu empfehlen, in leichter Qualität nur für geringe Strapazen geeignet. Gemsleder ist mehr rauh und zeigt „Waldrisse". Das sind Narben, die vom Kampf der Gemsböcke untereinander herrühren, jedoch auf die Haltbarkeit des Leders gar keinen Einfluß haben. 2. Hirschleder, leicht bis ganz stark, ziemlich glatt, je nach Stärke für jeden Gebrauch geeignet. Hirschleder stark und ganz stark ist das einzige Leder, dem das Prädikat „unverwüstlich" wirklich mit vollstem Recht zukommt. 3. Rehleder (nur

„Schar der gefallenen Engel“ vor der Probe. Passionsspiele in Oberammergau. Um 1900

ausgesuchte Rehböcke), von allen Ledersorten die glatteste, leicht bis gut mittelstark, wegen der geringen Größe der Felle nur für Kniehosen geeignet; so dauerhaft wie leichtes Hirschleder. 4. Schweizer Gebirgsbockleder, leicht bis mittelstark, aber dabei sehr zäh, im Aussehen von Wildleder nicht zu unterscheiden, in der Qualität mittlerem Wildleder kaum nachstehend, aber etwas billiger. 5. Widderleder, im Aussehen dem Wildleder auch recht ähnlich, aber viel weniger zäh und schmiegsam, daher nur für geringe Beanspruchung zu empfehlen. Von den bisher genannten (echt Tran gegerbten) Sorten am billigsten.

Werbekatalog des Lederspezialhauses Joh. Jahn, Salzburg. Um 1930

Bauern aus Oberbayern auf dem Münchner Oktoberfest. Um 1900. Gegenüber: Südtiroler Schütze aus Laienried. Tracht mit Samtweste, ledernem „Ranzen“, Uhrkette mit Silbermünzen und Lederhose

Volkstanzgruppe vor der Stiftskirche Mondsee, Oberösterreich

Beim „Fingerhakeln“, der bäuerlichen Kraftprobe,
geht es darum, den Gegner über den Tisch zu ziehen. Oberbayern.

Herts auf encha Singa,
und Umaschnaggln,
gehts her, wanns a Schneid habts
zan Fingahaggln.
Hagmoar-Gstanzl

Kim her, wan's di drausd,
Und i zoag da main Fausd,
Und so kloan als i bi,
Drau mi deant üba di.
Gstanzl

Reiter in Salzburger Lederhose beim „Aperschnalzen", einem Brauch zum Austreiben des Winters.

Trommelbub einer Tiroler Schützenkapelle

„Saltner", Weinhüter aus der Gegend von Meran. Südtirol.

D'Hosen hamd sinst plodern muaßn,
Jetzund ligans an,
Daß a Floh kam ohne Pfarzn
Adam schepfn kann.
Gstanzl

Wan d' Zeid is zu'n Les'n
Hängt ollas voll Draub'n,
Und daß mi main Schatz veracht't,
Kon i nid glaub'n.
Schnadahüpfl

Gruppe vom „Perchtenlauf“ aus dem Gasteinertal. Salzburg. Um 1910

Lusti san d' Fåschingtag,
Wånn ma's nur hålt'n tat,
Wånn ma's net hålt'n tu͡at,
Sand ånder a so gu͡at.
Salzburger Gstanzl

Den mecht i kenna,
dea mia epas tat,
ja dem waschat i 's Leda
und wixat eahm d' Nahd.
Schnadahüpfl

Tiroler Blasmusik.
Musikkapellen bewahren die Tracht als Uniform.

Der Hut gehört zur Lederhosentracht:
„Gamsbartpyramide“ beim Gautreffen der Gebirgstrachtenvereine in Berchtesgaden.

O.: Schwegelpfeifer und Trommler aus Tirol.
U.: Schützenmusik mit Schwegeln und Trommel aus dem Salzkammergut.

Schwegelpfeifer aus Aussee. Steiermark.
Lithographie von Canon

Tracht eines Schützenhauptmanns beim Großarler Schützentreffen. Salzburg.
Gegenüber: Tracht eines Salzburger Schützen

Lederhose als praktische Arbeitskleidung:
Halterbub auf der Hochalm, im Hintergrund eine Sennerin am Butterfaß

Beim Einbringen des Heus auf der Plassenalm oberhalb Hallstatts, Oberösterreich

Und fünf Goaß und nain Küa,
Sex Böck und drai Stiar,
Und oan Ochs und zween Kalm,
Dös gherd uns auf da Alm.
Schnadahüpfl

Wan i auf's Almarl geh,
Had's an Raif, had's an Schnee,
Wan i wieda hoamzua geh,
Blüad der grien Klee.
Schnadahüpfl

Holzknecht aus dem Salzkammergut.
Um 1880

In den Alpenländern werden schwere Lasten mit der „Kopfkraxe", einem Traggestell, transportiert: Senner aus dem Salzkammergut

Der Holzknecht in Wald,
Der hackt, daß's all's knallt,
Der singt, daß all's klingt,
Bis sain Diarndl 'nein kimd.
Schnadahüpfl

Ja die Holzknechtbuam müassn früah aufstehn,
holdiridleidioi holdi ridleidio,
müassns Hackal nehm und an Holzschlag gehn,
holdi ridleidio, holdio.
Holzknecht-Liadl

Lederne Kniebundhose mit dem typischen „Salzburger Teller“. Bauernschützen aus St. Johann i. P.
genüber: Lederhosen einer Schützentracht, wie sie in einigen Tälern Südtirols wieder getragen werde

Armbrustschütze auf einem Schießstand in Aussee. Steiermark. Um 1940

Salzburger Schützenhauptmann heute (links) – Tiroler Schützenhauptmann im Jahre 1890 (rechts).

Tiroler Schützentrachten

Kaiser Franz Joseph I. mit einem im Hasenbachgraben bei Bad Ischl erlegten Kapitalzwölfender. 24. August 1912.
Gegenüber: Kaiser Franz Joseph I. als Jäger mit seinem Sohn Kronprinz Rudolf. 1865

I' bin a jung's Bürschl,
Bin åchtzehñ Jåhr ålt
Und hiazt schreibt ma da Kaisa,
Er braucht mi' schoñ båld.
Schnadahüpfl

Lederhosen als weltweite Attraktion: Oberbayerische Volkstänzer vor dem Brandenburger Tor in Berlin (oben), eine Tiroler Trachtengruppe aus Kitzbühel (unten) mit einem britischen Wachsoldaten in London. 30er Jahre

Auch italienische Opernsänger tragen bei den Salzburger Festspielen Lederhosen:
Der italienische Bariton Muzzarelli nach einem Radunfall in der Mozartstadt

Die Zeiten haben sich geändert, aber die Herstellungsart und die Qualität der Waren ist dieselbe geblieben, und so zählen alle Bevölkerungsschichten, vom Gebirgsbauern bis zum Regenten, zu den Kunden des Hauses: Kaiser Franz Josef, Franz Ferdinand Este, König von Sachsen, Kronprinz Wilhelm von Deutschland, Kronprinz Ruprecht von Bayern und zahlreiche andere Mitglieder von Herrscherhäusern und des Adels sowie viele hervorragende Persönlichkeiten der Industrie und der Kunstwelt. Um von letzteren nur einige wenige zu nennen, seien erwähnt: Elisabeth Bergner, Lilian Gish, Emil Jannings, Werner Kraus, Kammersänger Richard Mayr, Professor Max Reinhardt. Übrigens haben Lederhosen aus meinen Werkstätten bereits den Weg nach Skandinavien, England, Nord- und Südamerika sowie Australien gefunden, was gewiß für den vorzüglichen Ruf meiner Ware das beste Zeugnis ablegt.

Werbekatalog des Lederspezialhauses Joh. Jahn, Salzburg. Um 1930

Eine zünftige Trachtenmusikkapelle aus dem Tiroler Abfaltersbach. 1903
Gegenüber: Trachten aus dem steirischen Salzkammergut: In der Kirche in Aussee. Aquarell von E. Stöckler. 1882

Dös gwixti Mandel mag i nit,
Mit seini langen Hosen,
I huast eam auf sein' noblig'n Tritt,
Af's Geld und seini Rosen.

Schau Muada! Wann's d' in Jagagwand
Mein Toni her siachst steig'n –
Aft kennst es do: Der kriagt mein Hand,
Und den, den zoag i d'Feig'n.
Hugo Graf Lamberg. Mundart-Lied

Altbairische Lederhosenherrlichkeit: Prinz Luipold von Bayern (der spätere Prinzregent) in oberbayerischer Gebirgstracht. Um 1855.
Gegenüber: König Ludwig III. von Bayern bei einem Jagdausflug in Berchtesgaden. 1913

Jäger im Tiroler Gamsgebirg. Gegenüber: Kurze Lederhose mit „Bürsel"
(einem am Hosenbein angestückelten Lederstreifen) und grüner Auszier aus dem Salzkammergut.

In Gamsbirg is 's schauri
Wann d' Bix a so knallt,
Daß a Schütz oda Jaga
Von Gwänd aba fallt.

Ja, ja Du arms Deandl!
Mit 'n Büaberl dazua:
Schauts da liegt enga Schütz
In da ewigen Ruah.
Hugo Graf Lamberg. Mundart-Lied

Jäger aus Tirol (oben) und Salzburg (unten) beim Portraitphotographen.
Um 1890

Der adelige Jagdherr mit seinen Jägern vor Schloß Grubhof bei Lofer. Salzburg. Um 1900

Was braucht denn a Jaga,
a Jaga braucht nix,
als a Fedal am Huat
und a nignaglneue Büx.
Schnadahüpfl

's Hirscharl in Dal, und
Di Gams af'n Spitz'n,
Und a lustig's Löbn is's
Um an Wildbroadschitz'n.
Schnadahüpfl

Grab des legendären Wildschützen Georg Jennerwein
auf dem Friedhof in Westendorf bei Schliersee. Oberbayern

's Gamserl åm Buckl
Und Trågbända drån,
I' scheiß auf'n Jaga,
Wånn i's Gams amål hån̄.
Gstanzl

Der II. Gebirgstrachtenerhaltungs- und Schuhplattlerverein „Großvenediger" in Neukirchen posiert für die Nachwelt.

Hochzeit nach altem Brauch am Starnberger See, Bayern. Mitte der 30er Jahre

Main Schatz is a Jaga,
A soakrischa Bua,
Ear schiaßd ma di Gamsböck
Und bußl'd mi gnua.

Main Schatzarl hoaßd Nanarl
Had schneewaißi Zahndal
Had schneewaißi Knia,
Awa gseg'n hab is nia.
Schnadahüpfl

„Hosentürln“ und „Fensterln“ (mit oder ohne Leiter) gehören im Klischeebild des Städters von alpiner Liebe zusammen. Gegenüber: Lederhose mit Blattstickerei aus Berchtesgaden. 1935

Geh Deandarl steh auf,
Mach ma’s Fenstarl gschwind auf,
Laß hoamli mi ’nain,
Den laud därfads nid sain.
Schnadahüpfl

Vil nasen daran seind geziert /
Mit mancherlay farben poliert.
Der Latz muss auch so geputzt sein /
Als wer süsser honig sehm drein.
Andreas Musculus. Vom Hosen Teüffel. 1555

Die Lederhose im erotischen Photo der Jahrhundertwende

Ein Kinderorchester spielt auf . . .

... Trachtenfest in Hallstatt, Oberösterreich. Um 1910

„Sommerfrischler“ in der Lederhose. Um 1880

Es braucht der Ober einen Gast, dem er kredenzt,
doch was die Lederhose braucht, das ist begrenzt.
Eine Lederhose braucht keine Bügelfalten,
aber Hosenträger um sich daran festzuhalten.
Peter Wehle, Schlager der 50er Jahre

Bergpartie auf dem Gipfel des Dachsteins. Oberösterreich. 1906

Bål bin i' a Graza,
Bål går a We͡ana,
Bål bin i' mein Dirndl
Ihr Kåmmade͡ana.

Auszier in Reliefnaht einer alten steirischen Lederhose.

Der Trachtenforscher Konrad Mautner in steirischer Lederhose und Brustfleck (1840). Um 1910

„Geigenmusi" aus Goisern. Oberösterreich. Um 1950. Gegenüber: Hochzeit in alter Salzkammergut-Tracht. Bad Goisern. Oberösterreich. Zu den kurzen Lederhosen werden lange weiße Unterhosen getragen.

Das landlerisch Geigna,
Und's Gass'ln af d'Nachd,
Das had mi bain Daixl,
So liadarli g'macht.
Schnadahüpfl

Da Landla is schena,
Als an iadi Quadrül,
Denn ma drahd si und wendt si
Grad wiar ma hald wül.
Schnadahüpfl

Wagrainer Schützenkompanie. Salzburg. Gegenüber: Festtagstracht aus Salzburg

„Bandltanz“ aus dem steirischen Salzkammergut. Um 1920. Gegenüber: Salzburger Paar beim Volkstanz.

Main Diarndl is handsam,
Zun Tanzen schön langsam,
Zun Afmachen gschwind,
Wan da rechti Bua kimd.
Schnadahüpfl

In Baierland drent'n,
Da waxt a schens Korn,
Und da hab i main Diarndarl
Au'm Danzbod'n varloarn.
Schnadahüpfl

Lederhose aus Salzburg (links oben) und Bayern. Gegenüber: Lederhose und Ranzen aus Südtirol

Trachtengruppen beim „Schuhplattln“: Dieser Tranz, der ursprünglich regional begrenzt war, fand so wie die Lederhose in den Trachtenvereinen weite Verbreitung

**Landlarisch danz'n
Kan nid a Jeda,
Kans selba nid rechd,
Awa main Vöda.
Schnadahüpfl**

**Mein Schwesta spielt Zitha,
Mein Bruada Clarinett,
Mein Våta prüglt d' Muatta
Und dös gibt a Quartett.
Schnadahüpfl**

Detail der Berchtesgadner Lederhose von Franz Hubmann. Um 1935

Vollbild von Franz Hubmann in Berchtesgadner (1937)
und Christian Brandstätter in Bad Ischler Lederhose (1948)

Klo͡añ bin i', klo͡añ bleib' i',
Groß måg i' net wer(d)n,
Schöñ runkat, schöñ punkat,
Wi͡a-r-a Håslnußkern.
Schnadahüpfl

Falsche Romantik und Realität: Volksmusik und Volkstanz im Atelier und auf der Plassenalm.
Gegenüber: Vor dem Gasthof Blomberg am Mondsee. 1897

GASTHOF BL BERG.

Bayerisches Bockbierfest in Berlin. Mitte der 30er Jahre

In da Hosn in da ledan
mit nackatö Knia,
aufn Hüatal a Fedan,
so keman halt mia.
Schnadahüpfl

A frischi Maß Biar
Mid an Fam, an waiß'n,
Und haind gehn i nid fuart
Bis's mi aussischmaiß'n.
Schnadahüpfl

The "Lederhose"
A short socio-historic treatise on the breeches of the alpine male

What the kilt is to the Scot, the lederhose is to the genuine mountain-dweller. However, despite the widespread belief to the contrary, it should be emphasized right from the start that by no means every Bavarian or Tyrolese runs around in lederhosen all year round. Nevertheless, it is considered a tribal sign for the Alpine man of Bavarian descent, virtual proof of his belonging. The leather trousers owe their position to a historical process that began at the end of the Rococo period. At that time peasant weddings and pastorales were all the rage in court circles and country costumes were adopted, thus focusing – in an admittedly highly naive fashion – attention on "the people". The search for "the simple life" was directed towards the mountains. Many topographical-statistical surveys were made at the time. These were intended as a basis for enlightened statesmanship and always included reports on regional customs, mores and other peculiarities. Descriptions of local dress were always received with great interest, and painters made series of pictures of the local dress in various mountain regions. The invention of lithography no doubt helped, but without any great demand they would not have been produced in such large editions. The enthusiasm for Alpine dress must have been general. This fashion coincided with the Napoleonic Wars and the setting up of a new Austrian (rather than German) Empire, which no doubt played a part since the emphasis on local costumes always had a nationalistic aspect. Ethnic dress became a standard component of national festivals, a manifestation of patriotic spirit – a national costume in fact. High society followed the lead of the Austrian and Bavarian nobility and took up the costumes of the mountain regions as an ideal. This meant primarily the costume of the hunters for men, and short leather trousers with a short grey-green coat became widely adopted. August Lewald recognized the trend as early as 1835 when, writing about a journey through the Tuxer Valley, he mentioned that its few inhabitants were exceedingly strong and particularly good marksmen, with the result that marksmen and enthusiastic hunters throughout Tyrol copied the Tuxer style. Their tighter and shorter costume was more picturesque, he said, and left the chest, knee and calf bare. Similar claims might be made for the costumes of the Styrian and Upper Bavarian foresters. They convey an air of mountain romanticism to both wearer and onlooker, an image of roughness, youthful strength and virile courage. The elaborately decorated short leather trousers, which combine all these attributes, thus acquire a new status over any other trousers, becoming almost a philosophy of life.

Actually, the short lederhosen were in danger of being supplanted by urban-style long trousers and suits less than a hundred years ago. Whereas pantaloons became the middleclass Empire and Biedermeier fashion in the aftermath of the French Revolution, the influence of military dress on the grey loden trousers with their green "lampas" (broad stripes) or "paspoil" (piping) is undeniable. Unlike lederhosen, loden trousers and the green-faced loden coat were consciously propagated by the high nobility. Archduke Johann himself said that he wanted to set an example of simplicity with this style. The Styrian ironmasters, whose costume he adopted, duly became his most faithful followers. In Bavaria, where King Maximilian II considered the cultivation of national dress a contributory factor in the establishment of a national identity and consequently supported these trends, the grey loden suit gained increasing popularity. The men of Munich in particular preferred that garb when making a trip to the mountains. The new fashion spread like a disease to the peasant population and the men left their long blue or green frockcoats and leather plus-fours in the cupboard. Even the young men began to neglect their short leather trousers. One man tried to remedy this situation. When the disappearance of the lederhose was again being bemoaned in a Bayrischzell tavern, the teacher Joseph Vogl challenged his five companions to go and have proper leather trousers made. The date was 25 August 1883, a date that was to go down in Bavarian history. The five companions agreed and on the very next Sunday proceeded to Miesbach together with the teacher to be fitted for Upper Bavarian lederhosen by the master leatherworker Dilger. Their first public appearance, however, was anything but a success. When the young people proudly paraded their new acquisitions in church, they were met with opprobrium and derision. Till then, short leather trousers had been the working garb of the forester and were therefore considered a breach of good manners. The farmers in particular felt provoked. Small wonder that the church opposed the "short trouser brigade" and forbade their participation in processions. As late as 1913 the short-trouser associations were declared immoral by the Archepiscopal See of Munich.

The Bayrischzellers under the leadership of Joseph Vogl decided to found an association for the "Preservation of the national costume in the Leitzach valley and in Bayrischzell" and sent the association statutes to King Ludwig II in an effort to put a stop to the ridicule and ill-will to which they were subjected. The young king, who like his father took a great interest in the cultivation of national costume, conveyed his pleasure in a most gracious letter, which naturally greatly encouraged the stalwarts. The inhabitants of the Leitzach valley expressed their posthumous gratitude to the king with a large wreath of Alpine roses. Public recognition thereafter was only a question of time. Two years after its foundation the association's chronicle reports that two members had the great honour of accompanying the six heifers and bulls intended as a birthday present for the Imperial Chancellor Prince Bismarck to Schönhausen in the Sachsenwald, causing a great stir everywhere in their short embroidered leather trousers with matching knee-socks and green velours hats.

Joseph Vogl, who died three years after the foundation of the association, would most probably have been highly surprised at the tremendous echo that his idea was to have. Within a year a second association was founded in Fischbachau, with associations in Hohenaschau and Feilnbach following the next year with an off-shoot in Munich in the shape of the association for the preservation of Alpine costume called "D' lustigen Wendlstoana-Stamm". In Miesbach, where Schuhplattler and other folklore groups had been entertaining visitors for almost twenty years, the first official association was founded in 1886, with others following in Aibling, Dietramszell, in Gmund am Tegernsee, in Penzberg, Garmisch, etc. The large number of national costume groups led to the foundation of the first regional association in 1890. The erst-while "short panters" have become an integral part of Upper Bavarian folk culture. Lederhosen can be seen at every Corpus Christi procession and every St. Leonhard pilgrimage, they are as Bavarian as "Fingerhakeln" (pulling your opponent across the table with interlocked fingers), lifting the "steins" full of beer, indeed as Bavarian as the Munich Oktoberfest. They are the hallmark of the true Bavarian.

We should not forget that the early folklore associations (Trachtenvereine) unconsciously and almost incidentally created something new in their attempts to preserve the traditional costume, together with local customs and traditions, dances and songs. The first step was that a former occupational costume was changed into a festive, or rather association, style or uniform, which was now worn primarily for show. This in turn led to more elaborate decoration with embroidered ornaments. Intertwined flowers were no longer enough, oak leaves and hunting motifs had to proclaim the wearer's intimate relationship with the countryside and the mountains. These ostentatious decorations, however, do not stand up to closer observation, because the protagonists who waged the campaign for the lederhose and who determined its typical style did not come from the traditional occupations so much but tended to be farmworkers, artisans and migrants, but also workers of peasant origin who were uprooted by the effects of industrialization and for whom ethnic dress became a kind of substitute. For example, the miners of Hausham, who originally came from Mährisch-Ostrau, were among the most active members of the Trachtenvereine in the first years in Upper Bavaria. The master leather worker Mühlpointner in Schliersee, from whom they ordered their leather trousers, had to embroider them in vivid green or yellow to suit their taste. Lederhosen, however, not only found new enthusiasts in Upper Bavaria and in the residential city of Munich but soon began to extend their influence beyond the border. Mountain costume and Schuhplattler associations on the Bavarian model were founded in Austria, where there had been Alpine associations in Graz since 1870. Whether they were members of "Alpinia", the "Gaisberger" or "Bergkräutln" (mountain herbs) from Salzburg or members of Viennese groups, they all wore short lederhosen with oak-leaf decorations, together with a grey loden jacket which only just reached the hips and which was stitched on both button rows and at the lapels with intertwined leaves called "Scheibling", and with the inevitable "Lofeln" as the knee-socks are known in Bavaria. The style was a more or less imaginative adaptation of the Miesbach costume, which had become the model for all adherents. Suddenly it was realized that a uniform style had been developed and the accessories began to be varied. The leather trousers remained the same, and the moss-green to yellow embroidery and the slits at the side of the knee clearly proclaim their Bavarian origin. In Austria, where they had spread in the wake of the folklore associations, the indigenous form which had remained in everyday use in regions like the Salzkammergut or South Tyrol was soon remembered. The Trachtenvereine, however, presumably strengthened the awareness of this piece of leg clothing, which had been common since the end of the 18th century, as they sported traditional lederhosen at processions, folklore evenings, carnival festivities and other occasions. The pleasure in showing off the national costume predominated, for the members of the association the style was an expression of their love for their country. This was an earlier form of the folklore movement, quite different from the numerous present-day manifestations of such "second-hand folklore", and free from tourist commercialism or showbusiness.

Traditional costume was also adopted at a much higher level. During his stay in Bad Ischl where he is still very much part of the scene in the form of a bronce monument in hunting attire, Emperor Franz Josef appeared in lederhosen on every suitable occasion, and by no means solely in an effort to set an example in the preservation of national costume. In the Salzkammergut there was no need for this and the costume was rather a demonstration of his close ties with his people. The lederhosen cut in the Salzkammergut style, narrow and reaching to the knees, which are on view in the Emperor's villa demonstrate that the lord of the hunt did not want to be any different from his entourage when engaged in his favourite pursuit. In this he followed Archduke Johann who had adopted the dress of the hunters at the beginning of the 19th century, thus becoming a figurehead for a whole epoch. In his case the aristocratic touch was underlined by retaining the knee-breeches. Prince Luitpold of Bavaria, on the other hand, might have been mistaken for a hunter from the Tegernsee–Schliersee region in his Upper Bavarian lederhosen with matching knee-socks. His sons, passionate hunters like their father, sported the same style. Herzog Max, the father of Empress Elisabeth, also wore Upper Bavarian costume. His habit of wearing a somewhat smaller "Bottle-cork" (stubby) hat set a fashion; as did his love of the zither.

No doubt the upper nobility's passion for hunting was instrumental in the acceptance of lederhosen. Hunting brought the aristocracy into close contact with the people and taught them to appreciate the advantages of that practical garment. When the Hapsburgs and Wittelsbachs adopted the local style this could not fail to have an effect. It gave the country people a new pride, an appreciation of their own style of dress. At the same time lederhosen gained a new position when they were adopted by the nobility, becoming acceptable in the upper ranks of the bourgeoisie. Ludwig Ganghofer and Ludwig Thoma, both champions of lederhosen, no doubt won many converts to this form of dress.

It was only after the First World War, however, when countless tourists donned their new acquisition not only in the holiday villages but also in town that lederhosen achieved a general breakthrough. The success of the operetta "White Horse Inn" then took them across the ocean. At first glance the postulate of local, tribal dress seems to be taken ad absurdum here. Indeed anything that transgresses the boundaries of Bavarian territory cannot make any claims to genuineness. The exports were grey, extremely short off-shoots of the genuine lederhosen with a turnup and a fly, which became known as "Sepplhosen" and were definitely frowned upon by the traditionalists. These grey shorts had nothing to do with the cultivation of tradition and regional consciousness, their ideology was rather the cult of youth, health and "wanderlust". They were adopted by youth movements of various types, including the one that preferred brown for the colour of its shirts. Lederhosen survived even their association with the Hitler Youth. After the Second World War parents were glad when they could put their children into practical leather trousers. What was at first a garment for fourteen-year olds was gradually taken over by pre-school children. Photographs in the "leather pant pose" retain a memory of childhood, if only to document this important stage for the family album.

In all other fields of life leather trousers have had to yield to the onslaught of blue jeans. However, lederhosen fans can take consolation in the fact that jeans are the invention of a Bavarian, Levi Strauss, who emigrated to San Francisco. This, however, is by no means the whole history of the lederhose. Quite apart from the fact that their home countries have preserved them in their traditional form, knee-breeches have also come back into fashion. Not knickerbockers with their wide, overhanging legs, but the narrow variety with green or white piping as worn by Archduke Johann. The propagators of these trousers consciously point to the aristocratic model, having recognized that both the Sepplhose and the short lederhose, which bear the stamp of folkloristic exhibition, are no longer acceptable to the wider public. Knee-breeches have made it possible to wear leather trousers outside Trachtenvereine, bands and shooting companies. The accent on exclusiveness – where again the Wittelsbachers have their share – contributes to the rising popularity of this style. Thus we are witnessing a process that repeats the developments at the end of the 18th century. At that time narrow knee-breeches began to supplant the wide and heavy knickerbockers of the peasants. The "culotte" had long been known in the world of male fashion during the age of the wig and pigtail. Now, however, it became popular as a result of the adaptation of the fashionable shape to local leather. Leather trousers took over the front flap from the silk culotte and the side buttons or ribbons from its elaborate decorations. These elements, which can also be seen on the short lederhosen, though without any functional necessity, led to the conclusion that the short version had also developed from the culotte. It is surprising that there is hardly any proof for the existence of short leather trousers before 1800. Shortly after that date we find them in their present-day form.

On the other hand, trousers made of leather are documented in ancient times and for that reason there have been many who ascribed lederhosen to the ancient Germanic tribes. Unlike the Mediterranean cultures, the men of the colder regions definitely covered their legs in long trousers and leggings. This was not yet true in the Bronze Age but only in the later Iron Age when the climate deteriorated decisively. Leg bindings made of leather strips and trousers with leggings continued down to the toes, forming a kind of tights, have been preserved in the bogs. In the Germanic region this was an innovation but had long been in use among the Eurasian horsemen, the Thracians, Scythians and Persians. Our knowledge of ancient Germanic leg coverings is enriched particularly by Roman pictorial columns, which always show Germanic prisoners in long trousers, bearing the stigma of the barbarian, as it were. The Romans met trousers in particular among the Gauls under the name of "braca". At first they were despised in Rome because of their origin; however, after their introduction into the Roman army they became generally accepted. While the "braca" of the Celts and Germans were worn with both short and long trouser legs, the Romans adapted them as tight, barely knee-length trousers. It is interesting that the Celtic-Germanic "braca" has been preserved in the Norwegian word *brok* and the English *breeches* and in German as *Bruch* (Old German pruoh, Middle-High German brouch). Bruch was the word for what is now "*Hose*" in

German, while *hosa* was the word for leggings, which might be made of leather, wool or linen like the Bruch (cf. English "hose" = stocking and French "houseaux" = leggings). Looking at this form of dress, which was prevalent well into the time of Charlemagne, one might well consider it as the original form of present-day lederhosen, in particular as the leggings are highly reminiscent of the Tyrolese and Bavarian knitted socks. On the other hand, reconstructions show that at the time of the Bavarian Agilolfinger long trousers tied either at the ankles, knees or calves were worn almost exclusively. Around 800 the mower in the picture of the Salzburg "Peasant calendar" for July is portrayed barefoot in long, open trousers. This is in direct contrast to medieval attire which only knew tight, long leggings attached to short breeches reminiscent of bathing trunks. These leggings were also known as trousers but they had in fact developed from the socks, which were a type of slipper to the Romans. These "soccus"—which live on in the wooden clogs known as "Zokkeln" in the Alps—gradually developed both into high boots reaching up to the calves and into a type made of felt and wool which became increasingly longer and eventually covered the thighs. These leggings, known as a "pair of trousers", were not knitted in the Middle Ages but were made of various materials according to the wearer's station. Among the peasants linen, loden and leather (irch) predominated. As the leggings became longer and longer in the course of the Gothic period the trousers became shorter and shorter until they were in fact superfluous, with the leggings reaching up to the hips. The crotch remained open at first; however, once the body-hugging doublet had been shortened so far that it no longer covered the abdomen, it was closed. To improve the freedom of movement the braguette or codpiece was invented. Nevertheless, these tightly fitting trousers were anything but comfortable and consequently they were slit again subsequently in the creases. Such trousers were obviously no use for work at all, and the peasants attached the separate leggings to their breeches until the end of the 15th century. Nor did they wear a doublet but continued to wear a belted overcoat or shirt.

A new component appeared in the course of the 16th century. The inventory of one Hans Viechter, miller in Kitzbühel, dated 1560 lists beside one pair of red trousers a "leather seat" and further "1 old pair of leather trousers with a brown seat cover". From the second half of the 16th century onward "Gsaßhosen" (trunk hose) marked a new system of leg apparel which determined the further development of trousers. These were short trousers worn over the leggings which were stuffed out to mighty balloons, known as "Spanish army drums" under the influence of Spanish fashion by the upper classes, while the German "landsknechte" (foot soliders) slashed theirs, lined them with bright materials and puffed them up into huge pillows. The tight leggings, which were most uncomfortable when climbing, were cut off above the knee, leaving mere stockings. These stockings were made of loden or cloth in Tyrol and Bavaria, but predominantly of different coloured leather as were the breeches reaching just up to or above the knee. After about 1700 "geschmitzte", i. e. dyed black, leather trousers made their way, starting from the Tyrol into Styria and Bavaria. The separation into stockings and leather trousers marked the stage that can be considered as the starting point for the development of our short lederhosen.

While Dutch fashion with full, loose trousers or knee-breeches falling well below the knee determined peasant fashion until they were supplanted by the French culotte, the Spanish fashion seems to have had a more lasting influence in the Alpine regions. The Zillertalers offer a good example. They not only defended their traditional costume against the church authorities who considered it indecent but also risked ridicule when their costume was considered "Carnival mummery" for which reason "people attired therein had actually been refused entry into a foreign country". The report of the commission also provides the reason for such indignation: "The men are wont to wear such short but very full pleated trousers that they reach only to the knee and the naked leg is seen between stocking and trouser." They did not even reach up to the hips and—which was particularly offensive—left a gap one, two or three fingers wide in front, sometimes even more. Joseph Anton Kapeller (1761—1806) and Johann Georg

Schädler (1777–1866) painted precise portrayals of these garments. Their pictures of young Alpine shepherds, carriers and marksmen show the short, full trousers which are tied with a ribbon above the knee. In Franciscus Nigrinus' "Description of the Duchy of Tyrol" of 1703 we find a picture of trousers open in front in the portrait of a "Duchsser", wearing untied trousers reaching just below the knee and not above the hips. A copper engraving of 1704 by Elias Beck of three Tyrolese marksmen drafted for the home guard also shows trousers of varying length, one relatively tight and leaving the knee uncovered, another half-covering the knee, and the third wearing knee-breeches. The artist probably also wanted to portray the social position of the defenders of the country.

Very full trousers were definitely a trademark of the Tux and Zillertal oil-carriers and glove-sellers, which were consciously cultivated and underscored the value of their wares. August Lewald writes that "the full-trousered Tyrolese" who travelled widely, singing and selling their wares, were certainly well known throughout Germany. Small wonder then that one keeps finding Tyrolese influence in reports and portrayals of Bavarian dress. This interchange was most clearly recognized by Felix Dahn when he wrote in "Bavaria": "Around 1820 the bachelors and servants began to copy the ancient costume of the Tyrolese foresters who worked side by side with them, in particular the old loden top, which they called 'Juppe' or 'Joppe', in its genuine form without collar, open and straight in front, with neither buttons nor buttonholes, and with a pleat at the back that was sewn up at the top for about a hand's breadth, and without turnups on the sleeves. Like the Zillerthal coat, this coat was made of loden or grey cloth, with a 2-inch wide strip of cloth on the neck and on the chest. This was worn with a black scarf, green braces, an embroidered cummerbund round the hips, short, fancy decorated lederhosen reaching to the knee, leggings or 'Lofeln' and a Miesbach hat or a 'Täubling', dark green with a low crown and a wide upturned brim. This outfit was known as 'duxerisch'. At first the hunters adopted the style and elaborated it, adding a green collar to the coat, green cuffs to the sleeves, and later buttons and green facings on the breast. This version of the hunters', Miesbach or Tegernsee 'Joppe' then became the normal dress of the Bavarian mountain farmers."

It seems remarkable that short lederhosen, which are an essential criterion of Alpine dress, were at first only worn by woodcutters, hunters, cowherds and servants, but hardly ever by the farmers. By 1800 they were adorned with elaborate ornamentation in Schliersee, in Jachenau and in the districts of Auerberg and Aybling.

This would also explain why stag and chamois leather are the preferred materials. Goat leather was also appreciated for its wearing comfort, but it is very rare nowadays. Cowhide is occasionally used. The hides are chamois tanned. The leather is fulled and treated with oil or fish oil, which makes it soft and flexible, retaining these qualities even in rain. This process is known as "irchen" and the farmers often tanned and dyed their own leather and had the trousers made by an itinerant tailor. It was in fact immaterial whether they placed their order with a leather worker, a glove-maker, a tanner or a tailor. The important thing was that the trousers were in the traditional style. The dyeing was actually the prerogative of the dyer, but the tanner or the leather worker also dyed their own leather. To the present day each craftsman swears by his own recipe. A brew of oil and water with additions of logwood for dyeing black or Brazil wood for dyeing brown is prepared and the leather is primed with that concoction and subsequently dyed with cupric or ferrous sulphate. This procedure has to be repeated four or five times. Special tricks are used to give the leather its particular patina. The genuine sheen, however, is the result of years of wear and cannot be achieved through rubbing or treating with bacon rind.

The old lederhosen were very tight and reached to the knee, or even below, so that they can often be hardly told apart from knee-breeches in pictures. This obviously was a compromise with 18th-century fashion. To increase the freedom of movement the trouser legs were usually slit on the outside and decorated with staghorn buttons or ribbons. The tight fit naturally demanded a special cut. The leather worker usually possessed a selection of basic patterns and differentiated between the waistband, the "latzbund" (the small vertical strip above the trouser flap), the narrow strips on the side of the flap and the legs complete with buttons. To avoid a seam in the crotch the legs are cut from one piece and sewn up at the thigh. The pockets are usually worked into the side-seam, where they make the least bulk. A pocket for knife, fork and spoon is also obligatory. Especially prized were artfully fashioned handles made of chamois horn or decorated with bone or mother-of-pearl inlay. In Styria and in Bavaria the stiletto pocket is marked by a sheath strip. The focal point of the lederhose, however, is no doubt the flap also known as the "Hosentürl" (lit. trouser-door), which was also the object of dress regulations. Thus, for instance, the regulations of the Kufstein district from the time of the Thirty Years' War demanded properly made flap-trousers to be worn by the menfolk. The Zillerthal "Gsaßhosen" also had to have an "overlapping flap in the front". The front fastening presented problems to the tailors for quite a long time. In the Middle Ages one resorted to a cod-piece which was emphasized by different colouring, by decoration with ribbons or bows or even enlarged and padded. When tight trousers became fashionable again after the trunk hose, the front flap provided a substitute and was duly ornamented and decorated. Leather trousers owe their sex appeal to this flap.

The decorations can be traced back to the 18th century. In South Tyrol, where asymmetrical trouser flaps and slit fastenings are the rule, there is usually no ornamentation. In the Meran region a thin cord of purple silk laid in three loops below the knife pocket is sown into the side seam. Another characteristic of South Tyrolean trousers which used to be lined with linen is the piped seam whose actual stitching should not be visible. Normally leather trousers are sewn with yellow seams with the edges turned outwards and further emphasized by a leather strip so that four edges are showing cut just above the seam. The connoisseur judges trousers by the number of "blind" seams beside the yellow seam and differentiates between two-, three- and five-seam trousers. In the Chiemsee region these ornamental seams are waxed and silver-plated.

Trousers with a "plate" have a special seam—the yellow side seam is taken across the seat from the middle of the thigh in the form of a plate, the top is furthermore decorated with flowers. The seam matches the elaborate pattern in the case of high-quality trousers; however, it is often just executed as a blind seam. These "plate trousers", which are native to the Innviertel and Eastern Bavaria, though also found in Salzburg and Berchtesgaden, are worn with top-boots, a black velvet waistcoat, ornamental belt or "Blattlfatsche", a stumpy hat and as a further hallmark a gold-brown "Scheikl" with the typical soutache decoration. These decorations clearly show their Hungarian origin, where we also find the equivalent of the "plate seam": the lacing on the blue Slovak cloth trousers, which also became the model for the hussar trousers. The young men of Rottal had brought the style home as proof just how far down the Danube their business had taken them. Somewhat later socks and brogues were adopted instead of the boots, which actually ruined the total impression. In the Salzburg region the trousers were even cut off to short trousers with a plate seam.

The flowers and leaves on the flap and trouser leg catch the eye. While purely vegetable ornamentation has been used virtually unchanged since the 18th century in the Salzkammergut and in Salzburg, the Bavarians prefer hunting motifs. Stag, chamois, oak leaves and wine-leaves are not executed in reliefs embroidery here but rather worked onto the leather in moss-green silk satin-stitch embroidery. Edelweiß and gentian were reserved for the braces, whose horizontal bar advanced to the showcase of the folklorist. Like a pictorial frieze they showed various coats of arms, initials, huge antlers, mottoes ("Faithful to ancient custom") or the picture of King Ludwig II, the patron of national costume. The first reports of braces mention green or red silk. The "Ehehaft Täding" from Kufstein which prescribes properly made trouser flaps for the men also says that the young peasants should beware of silk braces and large, precious cummerbunds costing over 2 fl 30 kr. In South Tyrol green braces made of wide wool-damask ribbons with the double eagle woven in a double crossbar are still worn. The most famous are probably the leather braces from the Sarntal with a wedge between the parallel braces which has various ornaments cut and pressed into it. The middle of the crosspiece was decorated with the most delicate quill embroidery. This art is still kept alive in the Sarntal. Small wonder that cummerbunds with quill embroidery are still an important part of the costume in Tyrol, while they have disappeared in Bavaria. These "paunches" owe their origin to the habit of wearing one's money inside a belt round one's middle. Very soon these money belts were decorated to demonstrate their "inner worth", and this became a luxury which no self-respecting male could forego. At first the belts were decorated with brass or pewter studs. When quill embroidery became popular towards the end of the 18th century the demand for studded belts went down. This type of embroidery reached a peak in the first third of the 19th century, when a flourishing cottage industry was devoted to its production and ensured wide-spread distribution. A rich variety of decoration ensued, which was dictated by the different shapes of the belts and the style of fastening. The Burggräfler worc large buckles made of embossed brass in front, while the Passeier fastened their belts at the back. The decorations concentrated on the oval centres of the belts known as "Blattlfatschen". The motifs used came from the familiar treasury of folk art whose endless variability permitted ever new compositions. The effect was heightened with heavy decorated watchchains and silver watch-charms, all of this, however, subordinated to a general style dominated by short, ornamented lederhosen.

One should not forget in this context that short lederhosen of the type we know now only appeared around 1800 as the costume of foresters and cowherds, apparently quite suddenly and without any prior development and proceeded to become *the* Alpine male garment. At the beginning of lederhosen genealogy no doubt stands the trunk hose adopted from Spanish fashion which found faithful adherents in the Tuxertal and in the Zillerthal who even wore the somewhat disreputable trousers on their long travels as tradesmen and singers—a sort of Alpine packaging and trade mark for the excellence of their wares. While the original form of thigh-length trousers with low bodice, asymmetric fly and "Schlotterbänder" (flapping ribbons) used to fasten the stockings was kept up in Northern and Southern Tyrol, the French culotte of the Baroque and Rococo period left its traces in the tight, richly decorated breeches with a fly flap in the more Northern and Eastern regions. The result was the tight knee-length style worn in the Salzkammergut, and there in particular by Emperor Franz Joseph. Adoption by the Hapsburgs and Wittelsbachs certainly aided the breakthrough of the lederhose which does, however, owe its victory to the teacher Joseph Vogl from Bayrischzell. It was he who initiated its second innings as it were in the 1880's and ensured its dominating position in the Trachtenvereine. Since that time one can differentiate between Bavarian lederhosen with their moss-green oak leaf decorations in satin-stitch, the Styrian version with green embroidery and the Salzburg one with white embroidery. The trousers with a plate seam tied at the ankle which were originally worn with boots but later on just with socks and brogues reached the Alpine region in Salzburg and Berchtesgaden while remaining native to Eastern Bavaria and the Austrian Innviertel. Lying as it does at the point of intersection of all these lederhosen-landscapes, the firm of Jahn Markl in Salzburg has adapted its production to this fact and produces all styles of lederhosen to meet the demands of its many customers. Comparing trousers made in different workshops one will always notice slight differences on closer observation, since every workshop maintains its own long-established tradition. The connoisseur knows whether a lederhose was made by the firm of Jäger, by Säcklermeister Moser or by Holzapfel from Miesbach or whether it was produced by Lichtenauer in Hausham. In Bad Ischl one differentiates between Sonnleitner trousers and Schenner trousers, and in Bad Aussee Lederhosenmacher Raich still produces "Birselhosen" in the old tradition.

The range not only includes original style lederhosen but also the short grey "Sepplhosen", knickerbockers, breeches, sportswear and occupational clothes. After all, leather leg coverings come in a great many shapes and sizes. While for some they are simply the most obvious choice for work and leisure which necessitates no further reflection they are a Trachten uniform for others which is to be shown off at any patriotic or folkloristic opportunity. Others again put on leather trousers when on holiday, thus both demonstrating their ties to the landscape and reinforcing their own experience of nature. Leather, in particular deerskin, is a highly esteemed material which enjoys a special position because of its very costliness. This may be one reason why leather is used in a variety of ways in folklore inspired fashion and why it has found so many enthusiasts. Even emancipation did not stop short of lederhosen, showing them up once more as a most complex piece of clothing which has remained adaptable and fashionable over the centuries—witness the long delivery periods one has to put up with when ordering a new pair.

Captions

p. 25 Belt with quill embroidery (detail) from Styria. 1815. p. 26 Quill embroidered "Blattl" from a body belt. Salzburg. p. 27 "Loferl", the calf stockings worn with short lederhosen, especially in Bavaria. p. 28 National coat of arms, edelweiss or King Ludwig II – favourite eye-catchers on the cross-piece of Bavarian lederhosen. p. 29 Traditional lederhosen from Chiemgau. Upper Bavaria. p. 30 Left: Alpbachtal costume. Tyrol. Right: Costume from Werdenfelser Land. Upper Bavaria. p. 31 Styrian peasant family. About 1880. p. 32 Sarntal costume with quill embroidered leather "Kraxe". South Tyrol. p. 33 Participants in a district costume festival in Berchtesgaden. Upper Bavaria. p. 34 Above left: Woodcarver from Grödnertal. South Tyrol. Above right: Ötztal festive costume. Below left: Two lads from the Ausseerland. Below right: Salzburg mountain costume. All photos about 1890. p. 35 Left: Old Styrian costume with frockcoat and blackcock tail on the hat. Right: Young man in chamois "frackl" from Aussee. Styria. p. 36 A Berchtesgaden "trachten" group went to a photographer's studio dressed like this about 1890. p. 37 The Berchtesgaden Christmas marksmen. Upper Bavaria. p. 38 Left: Farmer from Sparbach in the Vienna Woods with the typical Lower Austrian boot trousers. Right: Couple from St. Ägyd in Lower Austria in Bavarian and Styrian mountain costumes. p. 39 Farmers in traditional Salzburg dress at a folklore event in the late 30's. p. 40 Upper Bavaria past (opposite) and present – a country with a rich lederhosen tradition. p. 41 Tyrolese marksman. About 1935. p. 42 Tyrolese children on the "Katholikentag" (Catholic Day), Vienna, 1933. p. 43 "The group of fallen angels" before a rehearsal. Oberammergau Passion Play. About 1900. p. 44 Farmers from Upper Bavaria at the Munich October Festival. About 1900. p. 45 South Tyrolese marksmen from Laienried. Costume with satin waistcoat, leather "Ranzen" (body belt), watchchain with silver coins and leather trousers. p. 46 Folk-dance group in front of the "Stiftskirche Mondsee", Upper Austria. p. 47 In "fingerhackeln", the country test of strength, the object is to pull one's opponent over the table. Upper Bavaria. p. 48 Horsemen in Salzburg lederhosen taking part in "Aperschnalzen", a custom to drive out the winter. p. 49 Drummerboy of a Tyrolese marksmen's band. p. 50 A "saltner" or vintner from the Meran area. South Tyrol. p. 51 Group from the Gastein "Perchtenlauf". Salzburg. About 1910. p. 52 Tyrolese wind band. Such bands preserve the traditional costumes as their uniforms. p. 53 A hat is part of the genuine lederhosen costume. "Gamsbartpyramide" (chamois hair pyramid) at the district meeting of the mountain costume association in Berchtesgaden. p. 54 Above: Fifer and drummer from Tyrol. Below: Marksmen's band with fifes and drums from the Salzkammergut. p. 55 Fifer from Aussee. Styria. Lithograph by Canon. p. 56 Traditional costume of a Salzburg rifle club member. p. 57 Captain's costume at the Grossarl marksmen's meeting. Salzburg. p. 58 Lederhosen as convenient working clothes: Young herdsman on an Upper Alpine pasture, in the background an Alpine dairymaid at a butterbarrel. p. 59 Bringing in the hay on the Plassenalm above Hallstatt. Upper Austria. p. 60 Lumberjack from the Salzkammergut. About 1880. p. 61 In the Alpine areas heavy loads are transported with the "kopfkraxe", a wooden carrier: a herdsman from the Salzkammergut. p. 62 Leather knickerbockers with the typical Salzburg "plate". Peasant marksman from St. Johann i. P. p. 63 Lederhose from a marksman's costume as being worn once more in a few South Tyrolese valleys. p. 64 Crossbowman at the butts in Aussee. Styria. About 1940. p. 65 Salzburg captain today (left). Tyrolese captain in 1890 (right). p. 66/67 Tyrolese marksmen's costumes. p. 68 Emperor Franz Joseph I. in hunting costume with his son Crown Prince Rudolf, 1865. p. 69 Emperor Franz Joseph I with a twelve-pointer shot in the Hasenbachgraben near Bad Ischl. 24 August 1912. p. 70 Lederhosen as a worldwide attraction: Upper Bavaria folklore dancers in front of the Brandenburg Gate in Berlin (above), a Tyrolese folklore group from Kitzbühel (below) with a British guard in London, 30's. p. 71 Even Italian opera-singers wear lederhosen at the Salzburg Festival: The Italian baritone Muzzarelli after a bike accident in Mozart's town. p. 72 A genuine folk-dance band from the Tyrolese Abfaltersbach, 1903. p. 73 Traditional costumes from the Styrian "Salzkammergut": In the church at Aussee. Watercolour by E. Stöckler, 1882. p. 74 Old Bavarian lederhosen magnificence: Prince Luipold of Bavaria (the later Prince Monarch) in Upper Bavarian mountain costume, about 1855. p. 75 King Ludwig III of Bavaria out hunting in Berchtesgaden. 1913. p. 76 Short lederhosen with "bürsel" (a short leather strip added to the trouser leg) and green decoration from the Salzkammergut. p. 77 Hunter in the Tyrolean Gamsgebirg. p. 78 Hunters from Tyrol (above) and Salzburg (below) on portrait photographs. p. 79 The noble patron of the hunt and his hunters in front of Schloss Grubhof near Lofer. Salzburg. About 1900. p. 80 Grave of the legendary poacher Georg Jennerwein in the cemetery of Westendorf near Schliersee. Upper Bavaria. p. 81 The "II. Gebirgstrachtenerhaltungs- und Schuhplattlerverein Großvenediger" in Neukirchen poses for posterity. p. 82 The rejected lover. (Without lederhosen.) Photograph. About 1880. p. 83 Wedding in accordance with an old custom at Lake Starnberg, Bavaria, in the mid 30's. p. 84 Lederhosen with leaf embroidery from Berchtesgaden. 1935. p. 85 "Hosentürln" and "fensterln" (with or without a ladder) are part of the city dweller's image of Alpine love life. p. 86/87 Lederhosen in an erotic photograph from the turn of the century. p. 88/89 A children's orchestra plays: "Trachtenfest" (festival at which traditional costume is worn) in Hallstatt, Upper Austria, about 1910. p. 90 Summer holidaymakers in lederhosen. About 1880. p. 91 A party of climbers at the top of the Dachstein. Upper Austria. 1906. p. 92 Decoration in relief stitching on an old Styrian lederhose. p. 93 The expert on traditional costumes Konrad Mautner in Styrian lederhosen and breastpiece (1840). About 1910. p. 94 "Geigenmusi" from Goisern. Upper Austria. About 1950. p. 95 Wedding in old Salzburg costumes. Bad Goisern. Upper Austria. Long white underdrawers are worn with the short lederhosen. p. 96 Festive traditional costume from Salzburg. p. 97 Wagrain marksmen's company. Salzburg. p. 98 Salzburg couple folk dancing. p. 99 "Bandltanz" in the Styrian Salzkammergut. About 1920. p. 100 Lederhosen from Salzburg (above left) and Bavaria. p. 101 Lederhose and "Ranzen" (body belt) from South Tyrol. p. 102/103 Traditional costume enthusiasts dancing the "Schuhplattler". This dance, which was originally restricted to certain regions, has, like lederhose, become widespread among "Trachtenvereine". p. 104 Detail of the Berchtesgaden lederhosen belonging to the co-author Franz Hubmann. 1935. p. 105 Co-author Christian Brandstätter in Bad Ischl lederhosen. 1948. p. 106 False romanticism and reality: folk musik and dancing in the studio and on the Plassenalm. p. 107 In front of the Gasthof Blomberg, Mondsee 1897. p. 108 Bavarian "Bockbierfest" in Berlin, in the mid 30's.

Bildquellenverzeichnis

Farbabbildungen

Franz Hubmann, Wien
25, 28, 29, 32, 37, 40 (4), 45, 48, 53, 56, 62, 63, 66, 67, 73, 76, 80, 84, 92, 96, 97, 100 (4), 101, 104

Schwarzweißabbildungen

Austrian Archives/Müller & Kolf, Wien
5, 11, 17, 23, 24, 34 l. o., 34 r. o., 34 r. u., 36, 39, 41, 42 (Lothar Rübelt), 46, 50, 51, 54 o. (Lothar Rübelt), 58, 65 r., 68, 69, 70 (2), 71, 72, 78 (4), 81, 82, 83, 85, 86, 87, 88/89, 90, 91, 105 r., 106 o., 108
Michael Breisky, Mondsee
79, 107
Geheimes Hausarchiv, München
74
Franz Hubmann, Wien
26, 27, 33, 57, 65 l., 94, 95, 98, 103
Archiv Franz Hubmann, Wien
31, 34 l. u., 43, 44, 47, 60, 75, 93, 99, 105 l.
Nachlaß Simon Moser, Mils
30 l., 49, 52, 77
Österreichisches Museum für Volkskunde, Wien
35 (2), 38 (2), 54 u., 55, 59, 61, 64, 102, 106 u.
Bilderdienst Süddeutscher Verlag, München
30 r.

Literaturverzeichnis

AIBLINGER, SIMON. Vom echten bayerischen Leben. Bräuche, Feste, Zeitvertreib. München–Bern–Wien 1975

AUSSEER UND ISCHLER SCHNADAHÜPFEL. Hg. E. Blümml und Friedrich S. Krauss. Leipzig 1906

BEITL, KLAUS. Großstädtische Trachtenvereine des 19. und 20. Jahrhunderts. In: Kultureller Wandel im 19. Jahrhundert. Verhandlungen des 18. Dt. Volkskunde-Kongresses in Trier 1971. Hg. G. Wiegelmann. Göttingen 1973

BURGER-SCHEIDLIN, OTTO. Die Geschichte der Lederhose. Klagenfurt 1965

BRANDAUER, LEOPOLD. Die kurze Lederhose in Salzburg. In: Österr. Gebirgs- u. Volkstrachten-Zeitung, Jg. 7, Salzburg 1925

DAHN, FELIX. Oberbayerische Volkstracht. In: Bavaria. Landes- und Volkskunde des Königreichs Bayern. I. Theil: Oberbayern, Niederbayern. München 1860

DENGG, OTTO. (Hg.) Die schönsten Volkslieder. Köstendorf bei Salzburg o. J.

GIELGE, HANS. Die Lederhose. In: Heimatland. Monatsschrift f. Volksleben und Volkskunst in Österreich. Wien 1937

GIERL, IRMGARD. Miesbacher Trachtenbuch. Die Bauerntracht zwischen Isar und Inn. Aquarelle v. Maria Theophanon von Korff. Weißenhorn 1971

GIERL, IRMGARD. Paffenwinkler Trachtenbuch. Kulturlandschaft und Tracht in Weilheim, Murnau und Werdenfels. Weißenhorn 1971

GRASS, NIKOLAUS. Zur gegenseitigen Beeinflussung der Männertracht zwischen Bayern und Tirol. In: Tiroler Heimatblätter, Jg. 37, Innsbruck 1962

GRASS, NIKOLAUS. Die „Hösln" in der Tiroler Tracht. In: Der Trachtler. Off. Organ des Landesverb. d. Heimat- und Trachtenvereine f. Tirol, 6. Jg, Innsbruck 1978

HERMANN, FERDINAND. Die Federkielstickereien der Tiroler Lederfatschen. In: Oberdeutsche Zeitschrift f. Volkskunde, Jg. 6, Bühl–Baden 1932

HOTTENROTH, FRIEDRICH. Deutsche Volkstrachten vom XVI. bis zum XIX. Jahrhundert. Frankfurt a. M. 1923

JABERG, K. Zur Sach- und Bezeichnungsgeschichte der Beinkleidung in der Zentralromania. In: Zeitschr. Wörter und Sachen. Heidelberg 1926

KARLINGER, HANS. Von der Lederhose. In: Bayerischer Heimatschutz. München 1921

KASTNER, OTFRIED. Ranzen, Gürtel, Federkiel. Alte volkstümliche Lederkunst. Linz 1974

KATALOG KARL JÄGER. Bayrisches Trachtenhaus Miesbach/Oberbayern. Spezialität: Fabrikation echter bayrischer Gebirgstrachten seit 1876

KATALOG des Lederspezialhauses Joh. Jahn, Salzburg – Lederhosen und Gebirgstrachten-Spezialerzeugung, Gegr. 1408

LADURNER-PARTANES, MATTHIAS. Die Tracht des Burggrafenamtes in ihrer Entwicklung. In: Meraner Jahrbuch 1948

LENTNER, JOSEF FRIEDRICH. Über Volkstracht im Gebirge. In: Zeitschrift für österr. Volkskunde, Wien 1905

LEWALD, AUGUST. Tyrol vom Glockner zum Orteles und vom Garda- zum Bodensee. München 1835.

LIPOWSKY, FELIX JOSEPH FREIHERR VON. National-Costueme des Königreiches Bayern. Mit einem Geleitwort herausgegeben v. Paul Ernst Rattelmüller. München 1971

LIPP, FRANZ C. Oberösterreichische Trachten, Folge 2: Innviertel. Linz 1952, und Folge 5: Salzkammergut und Eisenwurzen. Wels 1960

LIPP, FRANZ C. Säcklerei – eine lebendige Volkskunst. In: Notring-Jahrbuch. Wien 1964

LIPP, FRANZ C. Rezension von K. Schädler. Die Lederhose. In: Österr. Zeitschrift f. Volkskunde, Bd. XIX/68, Wien 1965

LIPP, FRANZ C. Grundtypen der Männertracht. In: Österreichischer Volkskundeatlas. Wien 1968

LIPP, FRANZ C. Pferderennen, Ringelstechen und Faßreiten auf einem oberösterr. Lederranzen. In: Festgabe f. Oskar Moser, Beiträge zur Volkskunde Kärntens. Klagenfurt 1974

MAUTNER, KONRAD – GERAMB, VIKTOR V. Steirisches Trachtenbuch. 2 Bde., Graz 1932 und 1935

PESENDORFER, GERTRUD. Die Federkielgürtel der tirolischen Bauerntracht. In: Tiroler Heimatblätter, 10. Jg., Innsbruck 1932

PESENDORFER, GERTRUD. Das tirolische Trachtenbild. Ebda.

RATTELMÜLLER, PAUL ERNST. Die Lederne. In: Schönere Heimat, Jg. 44, München 1955

RATTELMÜLLER, PAUL ERNST. Die Wittelsbacher in der Tracht. In: Schönere Heimat, Jg. 49, München 1960

RATTELMÜLLER, PAUL ERNST. Dirndl, Janker, Lederhosen. München 1970

SANN, HANS VON DER. Altsteirische Trachten. Graz 1891

SCHÄDLER, KARL. Die Lederhose in Bayern und Tirol. Ein Beitrag zur Kostüm-, Trachten- und Zunftgeschichte. In: Schlern-Schriften Nr. 219, Innsbruck 1962

SCHOLZ, RUDOLF. Kritische Betrachtungen der nackten und bedeckten Knie beim Steirer. In: Österr. Gebirgs- und Volkstrachten-Zeitung, Nr. 15, Salzburg 1933

SCHOLZ, RUDOLF. Die kurzen Lederhosen. In: Der Arbeitertrachtler. Wien 1936

SCHMIDT, LEOPOLD. Trachtenforschung und Gegenwartsvolkskunde. In: Mitteilungen des Inst. f. Gegenwartsvolkskunde Nr. 3, Wien 1974

SIKORA, ADALBERT. Zur Geschichte der Zillertaler Tracht. In: Zeitschrift für Österr. Volkskunde. Wien 1906

STEUB, LUDWIG. Im bayerischen Hochland. München 1860. Zit. aus Nina Gockerell – Helen Kostenzer. Alte Trachten aus Oberbayern und Tirol. Rosenheim 1976

TSCHURTSCHENTHALER, PAUL. Die Tracht im Sarntal. In: Wiener Zeitschrift für Volkskunde, Jg. 34, Wien 1929

VOGL, JOHANN NEPOMUK. Fünfhundert Schnadahüpfl'n. Ein Beitrag zur österreichischen Volkspoesie. Tendler & Comp., Wien 1852

WEBER-KELLERMANN, INGEBORG. Beobachtungen zu Tradition, Mode und Innovation am Beispiel eines Trachtenstückes. In: Ethnologia Europaea. Arnheim 1970

WOPFNER, HERMANN. Zur Geschichte der Tiroler Kurzhose. In: Tiroler Heimatblätter, Jg. 12, Innsbruck 1934

ZABORSKY-WAHLSTÄTTEN, OSKAR VON. Die Tracht des Berchtesgadener Landes. Wien 1943

ZABORSKY-WAHLSTÄTTEN, OSKAR VON. Die Tracht im unteren Rott- und Vilstal. München 1959

ZELLER, HANS. Entstehung und Entwicklung der Trachtenbewegung. In: Bayrisch Land – bayrisch Gwand. Traunstein 1976